W0033756

CHRISTIAN J. GOLDSMITH

California Kitchen

PEACE, LOVE & FOOD

TRE**TORRI**

CHRISTIAN J. GOLDSMITH

California Kitchen

PEACE, LOVE & FOOD

Californian Spirit

PEACE, LOVE & FOOD

Sunshine State, Golden State, Big Orange: Kalifornien hat viele Namen – und allesamt sind diese Synonyme Ausdruck einer schwärmerischen Sehnsucht nach Sonne und Glück. Doch auch in ihrer ganzen Plakativität geben sie nur unzureichend den "Californian Spirit" wieder, den fiebrigen Puls, der nur für das Beste und das Neueste schlägt. Und das gilt für Kunst und Design, aber auch für eine nahezu spirituell betriebene Suche nach dem besten Essen. Organic, bio ist in Kalifornien, der Heimat des Körperkultes, eine Weltanschauung. Die aber wird nicht verbissen gelebt, sondern gehört zum lässigen Lifestyle, der den Genuss als Tugend einschließt. Ich habe bei meiner Reise von Santa Monica im Westen von Los Angeles die Pazifikküste entlang bis nach Palm Springs im Coachella Valley die besten neuen Rezepte aus einer Welt-Küche probiert. Denn nichts weniger brodelt hier: Im mit Abstand bevölkerungsreichsten US-Staat (knapp 40 Millionen Einwohner) treffen fast 200 Nationen aufeinander – und damit die Küchen aus Europa, Südamerika, Asien und der Karibik. Beliefert werden Töpfe, Woks und Pfannen aus einem wahren Garten Eden gleich nebenan. Das Central Valley, ein über 600 Kilometer langes und bis zu 80 Kilometer breites Tal in Zentral-Kalifornien nennt man die Kornkammer und den Fruchtgarten der USA. Von der Avocado bis zur Zitrone wachsen hier 400 verschiedene Nutzpflanzen; immer mehr werden nachhaltig angebaut: organic.

Ich glaube, dass ich in Kalifornien immerhin eine Antwort gefunden habe auf die Frage nach der Zukunft des Essens. Es ist vor allem unkompliziert – und das Kochen macht Spaß.

Mein Rezept lautet: **"Peace, Love & Food."**

Peace bedeutet für mich, mit dem Essen sozusagen Frieden zu schließen, also regional und saisonal einzukaufen. **Love,** sein Essen zu lieben, also sich bewusst ernähren und auf die Umwelt achten, wird in Kalifornien perfekt vorgelebt. Und das schließlich macht **Food** zu dem, was es sein sollte: purer Genuss.

Christian J. Goldsmith

EIN KULINARISCHER ROADTRIP

Von Santa Monica aus, mit Blick auf das Meer und die endlosen Palmenalleen, ein paar Meilen Richtung Long Beach, liegt Venice Beach. Hier begann der Körperkult, an dem sich die westliche Gesellschaft orientiert, und hier hat man sich längst benannt nach der neuen großen Innovation made in California, die die Welt verändert wie keine zuvor: Seit dem Bau der Dependancen der Web-Giganten, und von Google, YouTube, Facebook und Co. nennt man Venice in Anlehnung an das Silicon Valley auch Silicon Beach. Smarte Businessleute gehören jetzt ebenso zum Straßenbild wie Surfer und Models; aber alle bevölkern die veganen Restaurants, von denen sich eins an das andere reiht.

Gesundes Essen ist hier so wichtig wie die Stars bei der Oscar-Verleihung. Großes Kino, nur 15 Meilen von Hollywood entfernt: Der "Moon Juice Shop" verspricht spirituelle Stimulanz für die Seele – abgefüllt in einer Flasche "Kurkuma Golden Tonic" zu nur 9 Dollar. Ein Rockstar sucht seine schlanke, schwangere Frau in einem veganen Café, das sich "Gratitude", Dankbarkeit, nennt – vermutlich ein Dank an die Natur, die alles so reichlich bereitstellt.

Man ist dennoch unter sich, die kalifornische Mimikry verlangt flache Häuser in bunten Farben und kein Aufhebens über den Umstand, dass neben einem 5-Millionen-Dollar-Anwesen die "Urban Farm" steht, in der man Beete anmieten und sein eigenes Gemüse ernten kann. Hühner laufen hier – in einem der teuersten Viertel der USA – herum wie auf einem beliebigen Bauernhof – der California-Code: organic, bio.

In Richtung Santa Barbara liegt Malibu. Dazu nimmt man den berühmten Pacific Coast Highway direkt am Meer entlang. Ein unglaubliches Naturspektakel. Erstes Ziel ist das "Malibu Farm Cafe" auf dem Malibu Pier. 10 Dollar Parkgebühr erinnern nach der sinnenbetörenden Reise daran, dass man in Kalifornien ist. Hier gibt es die strengsten ökologischen Auflagen der USA. Keine Plastiktüten in den Supermärkten. Eine große Kaffeekette berechnet 15 Cent für den Becher, wenn man keinen eigenen mitbringt. Elektroautos, wohin das Auge reicht. Direkt am Meer liegt das Farm Cafe unter dem immer blauen Himmel und der Sonne, die hier noch mehr Kraft zu haben scheint als anderswo in Kalifornien. Selbstgemachter Melonensaft und Bio-Burger (übrigens ausgezeichnet, das Fleisch stammt aus der eigenen Viehzucht – fresh, organic, local – logo).

Abends, in Santa Barbara, gibt es dann die berühmten Stone Crabs – fangfrisch. Kalifornien wäre nicht Kalifornien, wenn es nicht gleich um die Ecke das "Yoga Café" geben würde. Mehr Yoga als Café, aber Marketing ist hier eben alles. Es geht entlang an endlosen Lavendelbüschen. Dahinter die "San Ysidro Ranch": ein perfekt angelegter Park aus Blüten, Bäumen und Kräutergärten. Millionenschwere Kulisse. Hier kann man Cottages mieten, und im Toprestaurant "The Stonehouse" mit Blick auf den Pazifik lunchen. Dann geht es hinauf in die Berge, vorbei an Calabasas zu endlosen Zitronen- und Orangenplantagen. Ruhe.

Die Stadt Ojai ist berühmt als Heimat vieler Aussteiger. Und für ihr Obst. Sehr frisch, sehr lecker. An jeder Ecke warten Straßenverkäufer mit Obstständen mit frischen Äpfeln, Ananas und Bananen. Verständlich, dass sich die Menschen hierher zurückziehen und einfach das Leben genießen. So kann meine Reise enden.

VON SANTA MONICA NACH PALM SPRINGS

Start in den Tag

Matcha

Matcha sind fein zu Pulver vermahlene grüne Teeblätter der Sorte Tencha.

Erhältlich ist er mittlerweile in gut sortierten Supermärkten und Teeläden. Man erkennt ihn an der leuchtend grünen Farbe.

Matcha Shake

Für 4 Gläser

1 l Kuhmilch (alternativ Soja-,
Hafer-, Reisdrink)
6 EL Agavendicksaft
2 TL Bio-Matcha-Pulver
Mark von 1 Vanilleschote
4 Kugeln Vanilleeis

Alle Zutaten, bis auf das Eis, in einen Hochleistungsmixer geben und darin gründlich mixen.

Den Shake in vorbereitete Gläser füllen und ca. 10 Minuten in den Gefrierschrank stellen.

Jeweils eine Kugel Eis auf jeden Shake geben und mit Trinkhalmen sofort servieren.

Tipp: Statt Vanilleeis kann man auch einfach Eiswürfel verwenden.

Superfood
SMOOTHIE BOWL

Für 4 Bowls

Smoothie
500 g Erdbeeren
2 tiefgefrorene Bananen
600 ml gekühlter Sojadrink
2 EL Haferflocken
2 EL Chia-Samen
Saft von ½ Limette
2 EL geschrotete Leinsamen
2 EL Hanfsamen

Topping
125 g Heidelbeeren
2 EL Haferflocken
2 EL Chia-Samen
2 EL Kokoschips

Für den Smoothie die Erdbeeren putzen, waschen und abtropfen lassen. 8 Erdbeeren für die Dekoration beiseitelegen. Die Erdbeeren mit den Bananen und den restlichen Smoothiezutaten in einen Hochleistungsmixer geben und zur gewünschten Konsistenz pürieren.

Für das Topping die Erdbeeren in Scheiben schneiden. Die Heidelbeeren verlesen, waschen und abtropfen lassen.

Den Smoothie auf Bowls verteilen, mit Erdbeerscheiben, Heidelbeeren und den restlichen Toppingzutaten garnieren.

Tipp: Da der Superfood Smoothie viele Varianten bietet, können auch andere frische Beeren, Flocken, Samen, Nüsse und Obstsorten als Topping ausprobiert werden.

Info: Wer frische Bananen verwenden möchte, kann als Ersatz für die gefrorenen auch Eiswürfel in den Smoothie geben.

CHIA, LEINSAMEN UND BEEREN
DAS SUPERFOOD AM MORGEN

Granola

MIT GOJI-BEEREN

**Für den Vorrat
(ca. 15 Portionen)**
180 g Haferflocken
50 g Sojaflocken
80 g gehackte Mandeln
50 g Kürbiskerne
50 g Pistazien
50 g Sonnenblumenkerne
50 g Pekannüsse
2 TL Zimtpulver
½ TL geriebene Muskatnuss
150 ml Olivenöl
150 ml Ahornsirup
je 1 TL unbehandelte Zitronen-
und Orangenzesten
Mark von 1 Vanilleschote
50 g Cranberrys
50 g Goji-Beeren
50 g Kokosraspel

Den Backofen auf 140 °C Umluft vorheizen.

Hafer- und Sojaflocken, Mandeln, Kürbiskerne, Pistazien, Sonnenblumenkerne, Pekannüsse, Zimt und Muskatnuss in einer Schüssel miteinander mischen.

Olivenöl, Ahornsirup, Zitronen- und Orangenzesten sowie Vanillemark zugeben und ebenfalls untermischen.

Ein Backblech mit Backpapier auslegen und die Mischung gleichmäßig darauf verteilen.

Das Müsli im Backofen unter mehrmaligem Wenden ca. 40 Minuten knusprig zu Granola rösten.

Danach abkühlen lassen und Cranberrys, Goji-Beeren sowie Kokosraspel unterheben.

Tipp: Das Granola schmeckt zum Frühstück super in Kombination mit frischem Obst, Haferdrink oder Sojajoghurt. Auch geeignet als kleiner Snack für zwischendurch.

Start in den Tag

Porridge
MIT BEEREN

Für 4 Portionen
60 g Mandelblättchen
600 g gemischte Beeren,
z. B. Brombeeren, Erdbeeren,
Himbeeren, Heidelbeeren
400 ml Reisdrink
150 ml Wasser
3 EL flüssiger Blütenhonig
1 EL Butter
200 g zarte Haferflocken

Die Mandelblättchen in einer beschichteten Pfanne ohne Zugabe von Fett oder Öl goldbraun rösten und herausnehmen.

Die Beeren verlesen, waschen, abtropfen lassen und putzen. Die Erdbeeren in die gewünschte Größe schneiden.

Den Reisdrink zusammen mit Wasser, Honig und Butter aufkochen und die Temperatur reduzieren.

Die Haferflocken in die heiße Flüssigkeit geben und unter Rühren ca. 7–8 Minuten zur gewünschten Konsistenz kochen.

Den Porridge in Schalen füllen und mit den Beeren sowie Mandeln garnieren.

Tipp: Wer komplett auf tierische Produkte verzichten möchte, kann statt Butter Kokosöl und statt Honig Agavendicksaft, Ahorn- oder Kokosblütensirup verwenden.

EINE SCHALE SONNE ZUM FRÜHSTÜCK

GOOD MORNING SUNSHINE

Breakfast
COUSCOUS BOWL

Für 4 Portionen

Couscous
800 ml Haferdrink
2 TL Reissirup
1 TL Zimtpulver
Salz
300 g Couscous

Topping
4 Pflaumen
2 EL Wasser
2 TL Apfeldicksaft
2 TL Zimtpulver
Salz
2 Äpfel
2 Kiwis
4 EL ganze ungeschälte Mandeln
4 EL Mandelmus
4 EL Kokosflocken
Kerne von ½ Granatapfel

Den Haferdrink zusammen mit dem Reissirup, dem Zimt und 1 Prise Salz aufkochen. Dann den Couscous einrühren. Die Mischung vom Herd nehmen, mit Frischhaltefolie abdecken und gut 10 Minuten quellen lassen.

In der Zwischenzeit für das Topping die Pflaumen waschen, trocknen, entsteinen und in Stücke schneiden. Zusammen mit dem Wasser, dem Apfeldicksaft, 1 TL Zimt und 1 Prise Salz in einem Topf ca. 5 Minuten einkochen lassen.

Die Äpfel schälen und entkernen. Die Kiwis schälen. Äpfel und Kiwis in Scheiben schneiden.

Den Couscous in 4 Bowls anrichten und das Obst sowie die Mandeln darüber geben.

Jeweils einen Löffel Mandelmus darüber verteilen, mit Kokosflocken, dem restlichen Zimt und den Granatapfelkernen garnieren.

Müsli pikant

Für 4 Portionen
4 EL Hafer- oder
Roggenflocken
1 EL Sonnenblumenkerne
2 EL Kürbiskerne
200 ml Reisdrink
1 kleine Salatgurke
2 Stangen Staudensellerie
je 1 rote und gelbe Paprikaschote
500 g Natur- oder Sojajoghurt
2 EL Zitronensaft

Die Flocken, Kerne und den Reisdrink miteinander in einer Schüssel vermischen.

Salatgurke und Staudensellerie waschen und putzen. Paprika-schoten waschen, putzen und entkernen. Sämtliches Gemüse in Würfel schneiden.

Die Gemüsewürfel mit der Flockenmischung vermengen. Alles mit Joghurt sowie Zitronensaft mischen und in Glasschalen oder Bowls füllen.

PALM SPRINGS

Start in den Tag

Räucherlachs Bagel

MIT POCHIERTEM EI

Für 4 Bagels
80 g Rucola
4 Bagels
1 l Wasser
50 ml Essig
4 Eier
150 g Räucherlachs
in Scheiben
Salz, Pfeffer

Den Rucola putzen, waschen und trocken schleudern. Die Bagels waagerecht halbieren und toasten.

Das Wasser mit dem Essig zum Kochen bringen. Die Eier je in einer kleinen Tasse aufschlagen und anschließend nacheinander vorsichtig ins kochende Wasser gleiten lassen. Mit einem Löffel in eine runde Form bringen.

Nach ca. 4–5 Minuten die Eier mit einem Schaumlöffel aus dem Wasser heben und auf Küchenpapier abtropfen lassen.

Die Unterseite der Bagels mit dem Lachs belegen und die Eier draufsetzen. Mit Salz und Pfeffer würzen.

Den Rucola großzügig darüber verteilen und zuletzt die Bagel-oberseite auflegen.

Dinkel Pancakes

MIT CREAM CHEESE

Für 4 Portionen

Pancakes

2 Eier
Salz
200 g Naturfrischkäse
80 ml Haferdrink
50 ml Ahornsirup
½ TL Zimtpulver
60 g Dinkelmehl
½ TL Weinsteinbackpulver
Butter zum Braten

Topping

125 g Heidelbeeren
100 g Naturfrischkäse
Ahornsirup zum Beträufeln

Die Eier trennen. Die Eiweiße mit 1 Prise Salz steif schlagen und kalt stellen.

Eigelbe mit Frischkäse, Haferdrink, Ahornsirup und Zimt verquirlen.

Das Dinkelmehl mit dem Backpulver darüber sieben und unterrühren. Die Masse gut 10 Minuten quellen lassen. Den Eischnee in drei Portionen unter den Teig heben.

Die Heidelbeeren verlesen, waschen und abtropfen lassen.

In einer beschichteten Pfanne etwas Butter schmelzen. Aus dem Teig in der Pfanne nacheinander Pancakes in beliebiger Größe braten.

Die Pancakes mit Frischkäse sowie Heidelbeeren garnieren und mit Ahornsirup beträufelt servieren.

Start in den Tag

VENICE BEACH
CAFÉ GRATITUDE

LOVE

SERVE

REMEMBER

Breakfast Waffeln

**Für 4 Waffeln
(Standzeit ca. 30 Minuten)**

50 g Reismehl
50 g Buchweizenmehl
50 g Erdmandelmehl
30 g Kokosblütenzucker
2 EL Chia-Gel (siehe Tipp)
300 ml Reisdrink
½ TL Zimtpulver
Mark von ½ Vanilleschote
1 TL Guarkernmehl
1 Prise Salz

Außerdem
Kokosöl zum Einfetten

Alle Zutaten in einer Küchenmaschine oder mit einem Handrührgerät zu einem glatten Teig verrühren. Den Teig mindestens 30 Minuten abgedeckt ruhen lassen.

Das Waffeleisen erhitzen und mit Kokosöl einfetten. Etwa ein Viertel des Teigs auf das Waffeleisen geben und eine knusprige Waffel backen. Aus dem restlichen Teig 3 weitere Waffeln backen.

Die Waffeln noch warm servieren. Dazu passen selbst gemachte Konfitüre, hausgemachte Fruchtsaucen oder Ahornsirup.

Tipp: Chia-Samen, die kleinen Superfood-Wunderkörner, verändern in Wasser ihre Konsistenz. Vermischt man sie damit, bilden sie ein Gel. Einfach 1 EL Chia-Samen in 3 EL Wasser rühren und mindestens 30 Minuten quellen lassen. Von dem entstandenen Gel 2 EL verwenden. Das restliche Chia-Gel für andere Rezepturen verschlossen im Kühlschrank aufbewahren. Es ist gekühlt ca. 5 Tage haltbar.

Spiegel-eier

MIT BACON UND GURKE

Für 4 Portionen
1 Salatgurke
Salz, Pfeffer
4 EL Olivenöl
8 Scheiben Bacon
8 Eier

Die Gurke putzen, waschen, nach Bedarf schälen, und in dünne Scheiben schneiden. Anschließend salzen, pfeffern und mit dem Öl vermischen. Beiseitestellen und bis zum Anrichten ziehen lassen.

Den Bacon in einer Pfanne kross braten. Auf Küchenpapier abtropfen lassen und warm halten.

Die Eier in der Pfanne in dem restlichen Bacon-Fett zu Spiegeleiern braten. Mit Salz und Pfeffer würzen.

Zum Anrichten auf einem Teller etwas von den marinierten Gurken geben, jeweils 2 Spiegeleier auf die Gurken setzen und 2 Baconscheiben dazulegen.

VENICE BEACH

HERZHAFTES FRÜHSTÜCK

Rühreier
ASIA STYLE

Für 4 Portionen
4 Frühlingszwiebeln
1 Salatgurke
2 rote Chilischoten
1 Knoblauchzehe
40 g Ingwer
1 EL Cashewkerne
2 EL Sweet Chili Sauce
1 EL Limettensaft
2 EL Wasser
2 TL Pflanzenöl
2 EL Sojasauce, z. B. Tamari
10 Eier
Salz, Pfeffer
4 Stängel Koriander

Die Frühlingszwiebeln putzen, waschen, trocken schütteln und in Ringe schneiden. Die Gurke putzen, waschen und in Stifte, die Chilischoten putzen, waschen, entkernen und in Streifen schneiden. Knoblauch und Ingwer schälen und fein hacken. Die Cashewkerne ebenfalls hacken.

Sweet Chili Sauce, Limettensaft und Wasser mit den Gurkenstiften und Cashewkernen mischen, dann beiseitestellen.

Ingwer, Knoblauch, Chili und Frühlingszwiebelringe in 1 TL Öl in einer Pfanne ca. 5 Minuten dünsten. Mit der Sojasauce abschmecken.

Die Eier aufschlagen, locker verquirlen und mit Salz und Pfeffer würzen. In einer zweiten Pfanne oder einem Wok im restlichen Öl stocken lassen und dabei immer wieder zusammenschieben.

Den Koriander waschen, trocken schütteln, die Blättchen von den Stängeln zupfen und fein hacken.

Die Rühreier auf einem großen Teller anrichten, die marinierten Gurkenstifte sowie die Frühlingszwiebelmischung darauf verteilen, mit dem Koriander garnieren und servieren.

Kräuter Frittata
MIT RÄUCHERLACHS

Für 4 Portionen

Kräuter-Frittata
1 Handvoll Kräuter nach
Belieben, z. B. glatte Petersilie,
Schnittlauch, Dill, Salbei,
Estragon, Basilikum, Kerbel
1 unbehandelte Zitrone
100 ml Milch (oder Sojadrink)
120 g Sauerrahm
8 Eier
Salz, Pfeffer
1 EL Olivenöl
1 EL Butter
200 g Räucherlachs in Scheiben

Dressing
3 EL Buttermilch
2 EL Olivenöl
1 EL Zitronensaft
Salz, Pfeffer
Zucker

Den Backofen auf 170 °C Umluft vorheizen.

Die Kräuter waschen, trocken schütteln, ggf. Blätter abzupfen und hacken. Einige gehackte Kräuter für die Dekoration beiseitestellen. Die Zitrone heiß abwaschen, trocknen und von einer Hälfte die Schale mit einem Zestenreißer abziehen.

Milch, Sauerrahm, Eier, Zitronenzesten, Salz und Pfeffer miteinander verrühren und die gehackten Kräuter unterheben.

Das Öl und die Butter in einer ofenfesten Pfanne erhitzen.

Die Ei-Kräuter-Masse in die Pfanne gießen und ca. 4–5 Minuten stocken lassen. Anschließend in den Ofen geben und mindestens 15 Minuten backen, bis die Masse fest geworden ist.

Für das Dressing die Buttermilch mit Öl, Zitronensaft, Salz sowie Pfeffer verrühren und mit 1 Prise Zucker abschmecken.

Die Frittata aus der Pfanne auf einen Teller stürzen. Mit dem Räucherlachs belegen und mit den restlichen Kräutern garnieren. Zum Servieren das Dressing darüber verteilen.

Start in den Tag

Tarte

MIT ERBSEN
UND ZIEGENKÄSE

Für 8 Stücke
(Standzeit ca. 1 Stunde)

Teig
250 g Weizenmehl
125 g Butter
5 Eier
Salz
1–2 EL Eiswasser
1 Bund gemischte Kräuter, z. B.
Petersilie, Schnittlauch, Kerbel
300 g Ziegenfrischkäse
200 ml Milch
Pfeffer
1 Bund Frühlingszwiebeln
180 g tiefgefrorene Erbsen

Außerdem
Weizenmehl und Butter
für die Form
Weizenmehl zum Bearbeiten
Backerbsen zum Blindbacken
essbare Blüten
½ Bund Radieschen

Das Mehl in eine Schüssel sieben. Die Butter in Würfeln dazugeben. 1 Ei, 1 TL Salz und das Eiswasser ebenfalls dazugeben und alles mithilfe einer Küchenmaschine oder eines Handrührgeräts zu einem glatten Teig verkneten. Eine Scheibe formen und in Folie eingewickelt ca. 1 Stunde im Kühlschrank ruhen lassen.

Die Kräuter waschen und gut trocken schütteln. Nach Bedarf Blättchen von den Stängeln zupfen. Die Hälfte der Kräuter hacken und mit 150 g Ziegenfrischkäse, den restlichen Eiern sowie der Milch pürieren. Die Masse mit Salz und Pfeffer würzen. Bis zur Verwendung kalt stellen.

Den Backofen auf 200 °C Ober- und Unterhitze vorheizen. Eine Tarteform (Ø 28 cm) einfetten und mit Mehl ausstäuben. Überschüssiges Mehl abklopfen.

Die Frühlingszwiebeln putzen, waschen, trocken schütteln und in feine Ringe schneiden.

Den Teig auf einer leicht bemehlten Fläche rund ausrollen und die Form passend damit auslegen. Den Teigboden mehrmals mit einer Gabel einstechen. Einen Bogen Backpapier zerknüllen und wieder entfalten, dann auf den Teig legen und mit Backerbsen füllen. Den Teig ca. 15 Minuten blind backen. Dann das Papier samt Inhalt entfernen. Den Boden noch 10 Minuten weiterbacken.

SSBARE BLÜTEN: HÜBSCH UND LECKER

Die Erbsen und die Frühlingszwiebeln mischen und auf dem Boden verteilen. Die Eiermilch darüber gießen und den restlichen Ziegenkäse portionsweise darauf geben. Die Tarte in ca. 30–35 Minuten im Ofen fertig backen.

Die essbaren Blüten ggf. waschen und trocken tupfen. Die Radieschen putzen, waschen und in Scheiben schneiden.

Zum Servieren die Tarte mit den essbaren Blüten, den restlichen Kräutern und Radieschenscheiben garnieren.

Low Carb Brot

Für 1 Brot

150 g Quark (20 % Fett)
4 Eier
½ TL Salz
1 TL Weinsteinbackpulver
50 g Sonnenblumenkerne
50 g geschroteter Leinsamen
2 EL Chia-Samen
2 EL Weizenkleie
4 EL Haferflocken
1 EL Flohsamenschalen
50 g grob gehackte Hasel-
oder Walnusskerne

Den Backofen auf 160 °C Umluft vorheizen. Eine Kastenform (25 cm) mit Backpapier auslegen.

Den Quark mit den Eiern in einer Küchenmaschine oder mit einem Handrührgerät verrühren und das Salz mit dem Backpulver untermischen.

Anschließend Sonnenblumenkerne, Leinsamen, Chia-Samen, Weizenkleie, Haferflocken, Flohsamenschalen und zuletzt die Nüsse unterrühren.

Den Teig in die Kastenform füllen und ca. 45–55 Minuten im Ofen backen.

Das Brot nach dem Backen auf ein Gitter stürzen und auskühlen lassen.

Tipp: Low Carb Brot schmeckt sehr gut getoastet und mit einer in Scheiben geschnittenen Avocado belegt. Nach Belieben die Avocado mit einem Spritzer Zitronensaft, Salz und Pfeffer würzen.

PALM SPRINGS

HOTEL RIVIERA

Buttermilch Brot

Für 1 Brot
(Standzeit ca. 1 ½ Stunden)

350 ml Buttermilch
1 Würfel (42 g) Hefe
1 TL Zucker
500 g Weizenvollkornmehl
1 TL Salz
1 EL flüssiger Honig
2 EL Olivenöl
100 g Haferflocken

Außerdem
Fett für die Form
Weizenvollkornmehl
zum Bearbeiten

100 ml Buttermilch in einem Topf erwärmen. Die Hefe in die warme Buttermilch bröseln. Zucker und 2 EL Mehl dazugeben und alles verrühren. Den Vorteig ca. 10 Minuten gehen lassen.

Das übrige Mehl, Salz, Honig, Öl, 70 g Haferflocken sowie die restliche Buttermilch zum Vorteig geben und alles mithilfe einer Küchenmaschine oder eines Handrührgeräts zu einem geschmeidigen Teig verarbeiten. Den fertigen Teig abgedeckt an einem warmen Ort ca. 1 Stunde gehen lassen, bis sich sein Volumen deutlich vergrößert hat.

Eine Kastenform (25 cm) fetten. Den Teig anschließend auf einer leicht bemehlten Arbeitsfläche nochmals kräftig durchkneten, zu einem Laib formen, in die Kastenform geben und weitere 30 Minuten gehen lassen.

Den Backofen auf 200 °C Umluft vorheizen. Die Teigoberfläche mit Wasser bepinseln und mit den übrigen Haferflocken bestreuen.

Das Brot ca. 15 Minuten backen. Dann die Temperatur auf 170 °C reduzieren und das Brot weitere 45 Minuten backen.

Nach Ende der Backzeit das Brot aus der Form stürzen und auf einem Gitter komplett auskühlen lassen. Frisch oder getoastet genießen.

Tipp: Falls der Teig zu trocken ist, einfach noch einen Schuss Buttermilch nachgießen.

Rote Bete Sandwich

Für 4 Sandwiches
4 Scheiben Buttermilchbrot
(Seite 39)
2 TL Meerrettich (frisch
gerieben oder aus dem Glas)
120 g gegarte Rote Bete
Salz, Pfeffer
1 Spritzer Zitronensaft
2 Zweige Thymian
geröstete Pinienkerne,
nach Belieben

Die Brotscheiben rösten und dünn mit Meerrettich bestreuen oder bestreichen.

Die Rote Bete klein hacken und mit Salz, Pfeffer sowie Zitronensaft abschmecken.

Thymian waschen, trocken schütteln und die Blättchen von den Stängeln zupfen.

Die Brotscheiben mit Roter Bete belegen und mit Thymianblättchen bestreuen.

Nach Belieben mit gerösteten Pinienkernen garnieren.

Auf die Hand to go

Sandwich
"VEGGIE STYLE"

Für 4 Sandwiches

4 Radieschen
250 g Karotten
250 g Rote Bete
1 Handvoll Babyspinat
½ Salatgurke
1 reife Avocado
6 Stängel glatte Petersilie
8 Scheiben Low Carb Brot oder
Buttermilchbrot (Seite 36 oder 39)
2 TL schwarze Sesamsamen
6 TL Hummus
Salz, Pfeffer

Die Radieschen putzen, waschen und in dünne Scheiben schneiden. Karotten und Rote Bete putzen, schälen und in feine Streifen raspeln. Den Babyspinat verlesen, waschen und gut trocken schleudern. Die Gurke putzen, waschen und in Scheiben schneiden. Die Avocado halbieren, den Kern entfernen und das Fruchtfleisch mit einem Löffel von der Schale lösen. Die Petersilie waschen, trocken schütteln und die Blättchen von den Stängeln zupfen. Die Brotscheiben von beiden Seiten knusprig toasten.

Das Avocadofruchtfleisch mit einer Gabel zu einem feinen Mus zerdrücken und auf vier Brotscheiben verteilen. Den Sesam darüber streuen. Auf die Avocado etwas von dem Hummus streichen, das restlicheen Rest Hummus auf die anderen 4 Brot-scheiben geben.

Anschließend auf diese Brote Petersilie, Radieschen, Karotten, Rote Bete, Spinatblätter und zum Schluss die Gurkenscheiben legen. Alles mit Salz und Pfeffer kräftig würzen.

Dann die mit Avocadocreme bestrichenen Brotseiten drauflegen. Sofort servieren und genießen.

Tipp: Bei der Bearbeitung von Roter Bete am besten Hand-schuhe tragen, da das Gemüse sehr stark abfärbt.

Sandwich
MIT AVOCADO, TOMATE & SPINAT

Für 4 Sandwiches
2 reife Avocados
2 Tomaten
2 Handvoll Babyspinat
1 Handvoll Basilikumblätter
½ Salatgurke
8 Scheiben Vollkorn-
Sandwichtoast
1 Spritzer Zitronensaft
Salz, Pfeffer

Die Avocados schälen, halbieren, den Kern entfernen und das Fruchtfleisch in dünne Spalten schneiden. Die Tomaten waschen, vom Stielansatz befreien und in Scheiben schneiden.

Den Babyspinat und das Basilikum waschen und gut trocken schleudern. Die Salatgurke putzen, waschen, längs halbieren und in Scheiben schneiden.

4 Toastbrotscheiben nach Belieben rösten, auslegen und die Avocadospalten nebeneinander darauf verteilen. Mit Zitronensaft beträufeln und mit Salz und Pfeffer würzen. Darüber die Gurkenscheiben, Spinatblätter, Tomatenscheiben und das Basilikum schichten und mit den restlichen Toastbrotscheiben bedecken.

Die Sandwiches mit je 2 Holzspießen fixieren, diagonal durchschneiden, auf Tellern anrichten und servieren.

VENICE

ORGANIC SUPERMARKET

Kohl Wraps

Für 4 Wraps

4 Blätter Spitzkohl oder
eine andere Kohlsorte
Salz
150 g Austernpilze
200 g Salatgurke
2 Schalotten
2 EL Olivenöl
Pfeffer
100 g Pekannüsse
1 EL Sojasauce, z. B. Tamari
1 TL Kreuzkümmelpulver
50 g Rote-Bete-Sprossen

Die Kohlblätter waschen und die dicke Mittelrippe flach schneiden. Anschließend die Blätter ca. 30 Sekunden in kochendem Salzwasser garen. Herausnehmen, auf sauberen Küchenhandtüchern ausbreiten und abtropfen lassen.

Die Austernpilze säubern und in dünne Streifen schneiden. Die Gurke schälen, längs halbieren, entkernen und fein würfeln. Die Schalotten schälen und ebenfalls fein würfeln.

Die Pilzstreifen in 1 EL heißem Öl in einer Pfanne für ca. 3 Minuten braten. Salzen und pfeffern

In einem Mixer Nüsse, Sojasauce, Kreuzkümmel und das restliche Öl pürieren, bis eine Paste entstanden ist.

Auf jedes Kohlblatt mittig etwas von der Paste geben. Pilze, Gurke und Schalotten darauf verteilen.

Die Sprossen waschen, abtropfen lassen und auf die Füllung streuen. Die Seiten der Kohlblätter nach innen schlagen und zu Wraps fest aufrollen. Sofort genießen.

Tipp: Wer keine rohen Schalotten mag, kann die Würfel auch mit den Pilzstreifen anbraten, dann sind sie bekömmlicher.

Enchiladas

Für 4 Portionen

1 Dose (425 g) Kidneybohnen
1 Dose (425 g) weiße Bohnen
1 Dose (425 g) Mais
1 rote Zwiebel
1 Knoblauchzehe
3 EL Öl
1 Dose (850 g) stückige Tomaten
Salz
Cayennepfeffer
1 EL Tomatenmark
Pfeffer
Fett für die Form
450 g Hähnchenbrustfilet
8 weiche Tortillafladen
100 g geriebener Emmentaler
½ Bund gehackter Koriander,
nach Belieben

Die Bohnen und den Mais in ein Sieb schütten, abbrausen und abtropfen lassen.

Die Zwiebel und den Knoblauch schälen, fein hacken und beides in 1 EL heißem Öl glasig dünsten. Die Tomaten zugeben und alles ca. 10 Minuten köcheln lassen. Mit Salz und Cayennepfeffer würzen. Die Hälfte der Sauce beiseitestellen.

Bohnen, Mais und Tomatenmark in die restliche Sauce rühren und alles ca. 5 Minuten zu einem Ragout einköcheln lassen. Mit Salz und Pfeffer abschmecken.

Den Backofen auf 180 °C Umluft vorheizen. Eine Auflaufform einfetten.

Das Hähnchenfleisch waschen, trocken tupfen und in Streifen schneiden. In einer Pfanne im restlichen Öl anbraten, mit Salz und Pfeffer würzen und unter das Bohnenragout heben. Alles etwas abkühlen lassen.

Das Bohnenragout auf den Tortillas verteilen, diese einrollen und in die Auflaufform legen. Die restliche Tomatensauce darüber verteilen, mit dem Emmentaler bestreuen und ca. 20 Minuten im Ofen backen.

Nach Belieben mit frischem Koriander garnieren und servieren.

MALIBU

Auf die Hand to go

Stabil

Das Butterbrotpapier sorgt für Stabilität beim Schneiden. Es eignet sich auch prima zum Frischhalten der Wraps und garantiert einen sicheren Transport für den späteren Genuss.

SAFTIGE WRAPS
DA GREIFT JEDER GERNE ZU

California Wraps

Für 4 Wraps
200 g Blumenkohl
1 gelbe Paprikaschote
1 rote Zwiebel
30 g Pekannüsse
2 unbehandelte Limetten
3 EL Olivenöl
Salz, Pfeffer
Zucker
4 Blätter Kopfsalat
1 reife Avocado
1 Bund Basilikum
150 g Naturjoghurt
Chilipulver
300 g Lachsfilet
4 Tortillafladen

Den Blumenkohl putzen, waschen und auf einer Reibe grob raspeln oder im Blitzhacker grob hacken. Die Paprikaschote waschen, putzen, entkernen und fein würfeln. Die Zwiebel schälen und in feine Ringe schneiden. Die Nüsse grob hacken.

Die Limetten heiß abwaschen und trocknen. Von einer Limette die Zesten abziehen und beide Limetten auspressen.

Blumenkohl, Paprika, Zwiebel, Nüsse und Limettenzesten mit 2 EL Olivenöl verrühren, mit Salz, Pfeffer und 1 Prise Zucker abschmecken und beiseitestellen.

Die Kopfsalatblätter waschen und trocken schütteln. Die Avocado halbieren, Kern entfernen und das Fruchtfleisch mit einem Löffel von der Schale lösen. Das Basilikum waschen, trocken schütteln und die Blätter abzupfen. Die Hälfte davon mit Avocado, Limettensaft und Joghurt zu einer Creme pürieren, mit Salz, Pfeffer und Chili abschmecken.

Das Lachsfilet waschen, trocken tupfen, salzen, pfeffern und in vier gleich große Portionen schneiden. Anschließend im restlichen Öl von allen Seiten etwa 3–5 Minuten braten. Die Tortillafladen in einer zweiten Pfanne kurz nacheinander erwärmen.

Die Fladen mit Avocadocreme bestreichen und mit je 1 Blatt Kopfsalat belegen. Die Blumenkohlmischung, die restlichen Basilikumblätter und den Lachs gleichmäßig auf den 4 Fladen verteilen.

Die Fladen locker zu einem Wrap einrollen, schräg durchschneiden und servieren.

Chicken Wraps

MIT KORIANDER

Für 8 Wraps
2 Hähnchenbrustfilets
1 rote Paprikaschote
1 Knoblauchzehe
1 EL Olivenöl
1 TL Tomatenmark
150 ml frisch gepresster
Orangensaft
20 g Couscous
Salz, Pfeffer
8 Tortillafladen
1 kleine Salatgurke
1 Bund Koriander

Die Hähnchenbrustfilets waschen, trocken tupfen und in Streifen schneiden.

Die Paprikaschote waschen, putzen, entkernen und in Würfel schneiden. Den Knoblauch schälen und fein hacken.

Das Öl in einer Pfanne erhitzen. Das Fleisch, die Paprika und den Knoblauch ca. 3 Minuten unter Rühren anbraten. Tomatenmark, Orangensaft und Couscous untermischen und alles bei mittlerer Temperatur etwas köcheln lassen, bis der Couscous gar ist. Dann vom Herd nehmen, salzen und pfeffern.

Die Fladen nacheinander in eine heiße Grillpfanne geben und von beiden Seiten braten, bis sich Grillstreifen gebildet haben.

Die Gurke putzen, waschen und längs in dünne Streifen hobeln. Den Koriander waschen, trocken schütteln und die Blättchen von den Stängeln zupfen.

Die gegrillten Fladen mit der Hähnchenmischung, Gurke sowie Koriander füllen, zusammenrollen und schräg anschneiden. Sofort servieren.

LOS ANGELES – LA LA LAND
HEISSESTER HOTSPOT DER WELT

Wenn die Sonne untergeht in L. A., entsteht die Stimmung, schim-
mert das sagenhafte Licht, das in Billy Wilders "Sunset Boulevard"
("Boulevard der Dämmerung") von 1950 der Stadt ein unvergängliches
Zelluloid-Denkmal gesetzt hat. Das alte und neue Hollywood lebt
auf riesigen Plakatwänden mit den neuesten Serien, große Villen
säumen die 35 Kilometer lange Palmenallee. Am Abend biegt man
ab in Richtung Downtown zur Melrose Avenue, die Dämmerung ist
einem Lichtermeer gewichen. Und alles strömt in die Bars oder in
die Klassiker unter den Restaurants wie das "Nobu's Matsuhisa".
Das "Lady M" ist die hippste Patisserie der Stadt, dort gibt es
die besten "Green Tea Mille Crêpes" oder die "Red Velvet Torte"
(Seite 190). Auf der Melrose Avenue leben Design, Interior, Fashion und Food miteinander. Der besorgte Manager eines Bio-Su-
permarkts taucht auf – die Stars aus Hollywood wollen hier
nicht fotografiert werden. Im "Farmers Market" gleich nebenan
sorgt sich niemand: Gemüse, Obst, Fleisch, Hot Dogs, chinesi-
sche Garküchen – eine Institution seit 1935 – who cares?

Tortillas

MIT SOUR CREAM

Für 4 Tortillas

Sour Cream
1 Knoblauchzehe
100 g Magerquark
100 g Mayonnaise
100 g Sauerrahm
100 g Crème fraîche
Salz, Pfeffer

Tortillas
1 Knoblauchzehe
4 cm Ingwer
½ rote Chilischote
1 unbehandelte Limette
1 Kopf Radicchio
50 g Rucola
½ Salatgurke
500 g Geflügelhackfleisch
Salz, Pfeffer
2 EL Traubenkernöl
4 weiche Tortillafladen

Für die Sour Cream die Knoblauchzehe schälen und fein hacken. In einer Schale Quark, Mayonnaise, Sauerrahm, Crème fraîche und Knoblauch miteinander cremig verrühren. Alles mit Salz und Pfeffer würzen und kalt stellen.

Für die Tortillafüllung die Knoblauchzehe und den Ingwer schälen. Den Knoblauch fein hacken, den Ingwer reiben. Die Chilischote putzen, waschen, entkernen und ebenfalls fein hacken. Die Limette heiß abwaschen, trocknen und die Schale in Zesten abziehen.

Die Salate putzen, zerpflücken, waschen und trocken schleudern. Die Gurke putzen, waschen und in Scheiben schneiden.

Das Hackfleisch mit dem Ingwer, Knoblauch, Limettenzesten sowie Chili vermengen, mit Salz und Pfeffer kräftig würzen.

In einer Pfanne das Öl erhitzen und das Geflügelhackfleisch darin kross braten. Es sollte gut durchgegart sein.

Die Tortillas nach Packungsangabe erwärmen. Etwas von der Sour Cream auf jede Tortilla streichen. Salate, Gurke und Hackfleischmasse darauf verteilen.

Die Tortillas zusammenklappen und mit der restlichen Sour Cream servieren.

Tipp: Geflügelhackfleisch kann man gut durch klein gewürfeltes Hähnchen- bzw. Putenfleisch oder Rinderhackfleisch ersetzen.

Pulled Pork

BURGER

Für 8 Burger
(Standzeit über Nacht)

2 Knoblauchzehen
4 EL Tomatenketchup
2 EL Apfelessig
2 TL edelsüßes Paprikapulver
2 TL Rohrohrzucker
2 TL Worcestersauce
2 TL Dijonsenf
2 kg Schweineschulter
2 EL Pflanzenöl
8 Brioche Burger Brötchen
BBQ Sauce, nach Belieben

Den Knoblauch schälen und fein hacken. Mit Ketchup, Apfelessig, Paprika, Zucker, Worcestersauce und Senf zu einer Marinade verrühren und beiseitestellen.

Das Fleisch waschen und trocken tupfen. Mit der Marinade einreiben und mindestens über Nacht im Kühlschrank marinieren.

Den Backofen auf 80 °C Ober- und Unterhitze vorheizen.

Das Fleisch aus der Marinade nehmen, etwas trocken tupfen und in heißem Öl von jeder Seite kross anbraten. Auf ein Backblech legen, ein Bratenthermometer in die dickste Stelle des Fleischs stecken und das Ganze gut 4–5 Stunden im Backofen garen, bis eine Kerntemperatur von 65 °C erreicht ist.

Das Fleisch aus dem Ofen nehmen und abgedeckt ca. 30 Minuten ruhen lassen.

Die Brioche Burger Brötchen halbieren und auf den Schnittflächen in einer Pfanne kurz anrösten.

Den Schulterbraten mit 2 Gabeln zerzupfen und die Brötchen damit reichlich füllen. Nach Belieben mit BBQ Sauce beträufelt servieren.

Tipp: Dazu passen Süßkartoffel-Pommes frites und Cole Slaw.

VENICE

Veggie Burger

Für 6 Burger

400–500 g Shiitake-Pilze
1 große Zwiebel
2 Knoblauchzehen
3 cm Ingwer
400–500 g Edamame
je 1 rote und gelbe Paprikaschote
½ Bund Frühlingszwiebeln
1 Bund glatte Petersilie
1 Dose (425 g) Kichererbsen
4 EL Olivenöl
1 Ei
Salz, Pfeffer
6 Scheiben Käse, nach Belieben
125 g Pflücksalat
6 Brötchen, z. B. Brioche oder Vollkorn

Die Pilze säubern und in kleine Stücke schneiden. Zwiebel und Knoblauchzehen schälen und fein hacken. Den Ingwer schälen und fein reiben. Die Edamame waschen, abtropfen lassen und in einem Topf mit reichlich kochendem Wasser kurz bissfest garen. In kaltem Wasser abschrecken und die Bohnen aus den Schoten lösen. Die Paprikaschoten putzen, waschen, entkernen und das Fruchtfleisch fein würfeln. Frühlingszwiebeln putzen, waschen, trocken schütteln und in feine Ringe schneiden. Die Petersilie waschen, trocken schütteln, die Blättchen von den Stängeln zupfen und fein hacken. Die Kichererbsen in ein Sieb geben, abbrausen und abtropfen lassen. Den Backofen auf 175 °C Umluft vorheizen.

Die Pilze in 1 EL heißem Olivenöl in einer Pfanne bei mittlerer Temperatur braten, dabei mehrmals wenden. In einer Schüssel beiseitestellen. Zwiebel, Knoblauch, Ingwer und Paprikawürfel ebenfalls in 1 EL heißem Olivenöl ca. 3 Minuten braten. Zu den Pilzen in die Schüssel geben.

Die Edamame und Kirchererbsen in einem Mixer grob zerkleinern. Mit den Frühlingszwiebeln, Ei, Petersilie und den Gewürzen zu den übrigen Zutaten geben und vermengen.

6 Burger-Pattys aus der Masse formen und bei mittlerer Temperatur im restlichen Olivenöl von beiden Seiten goldbraun braten. Anschließend gut 10 Minuten im Backofen fertig garen. Nach Belieben für Cheeseburger mit Käse überbacken.

Den Salat in der Zwischenzeit putzen, waschen und gut trocken schleudern. Die Brötchen halbieren, mit Salat und je einem Patty belegen und sofort servieren.

Red Burger Buns

VEGAN

Für 8 Buns
(Standzeit ca. 1½ Stunden)

1 Päckchen Trockenhefe
2 EL Rohrohrzucker
75 ml lauwarmes Wasser
375 g Weizenmehl
1 TL Salz
100 ml Reisdrink
75 ml Rote-Bete-Saft
2 EL Olivenöl
2 EL Sojadrink
2 EL Sesamsamen
Weizenmehl zum Bearbeiten

Die Hefe mit dem Zucker in das lauwarme Wasser rühren und etwas von dem Mehl darüber stäuben. Die Mischung etwa 5 Minuten stehen lassen.

Das restliche Mehl in eine Schüssel geben und mit dem Salz vermengen. In der Mitte des Mehls eine Mulde formen und den Reisdrink, den Rote-Bete-Saft, das Öl und die Hefemischung hineingießen. Alle Zutaten mithilfe einer Küchenmaschine oder eines Handrührgeräts ca. 10 Minuten zu einem geschmeidigen Teig kneten. Abgedeckt an einem warmen Ort ca. 1 Stunde gehen lassen, bis sich das Volumen verdoppelt hat.

Den Teig anschließend auf einer leicht bemehlten Arbeitsfläche nochmals kurz durchkneten. Mit einer Teigkarte in 8 gleiche Portionen aufteilen, gegebenenfalls abwiegen. Die Teiglinge zu Kugeln formen und auf ein mit Backpapier ausgelegtes Backblech setzen. Genügend Abstand zwischen den Teiglingen lassen. Weitere 30 Minuten gehen lassen.

Inzwischen den Backofen auf 170 °C Umluft vorheizen. Die Buns vor dem Backen jeweils noch mit Sojadrink bestreichen und die Sesamsamen darüber streuen. Im Backofen ca. 15–20 Minuten backen.

Buns aus dem Ofen nehmen und auf einem Gitter komplett auskühlen lassen.

Tipp: Schmeckt einfach genial in der Kombi mit den veganen Burger Pattys von Seite 67.

MALIBU

MALIBU FARM

FRESH ORGANIC LOCAL

Burger Pattys

VEGAN

Für 8 Pattys
1 Dose (425 g) schwarze Bohnen
3 rote Zwiebeln
Olivenöl zum Braten
200 g veganes Hackfleisch
55 g Sojamehl
Salz, Pfeffer
1 Prise Kurkumapulver
1 Prise edelsüßes Paprikapulver

Die Bohnen in ein Sieb schütten, abbrausen und gut abtropfen lassen. Die Zwiebeln schälen, würfeln und in etwas heißem Olivenöl langsam weich dünsten.

Zwiebeln und Bohnen in einem Mixer fein zerkleinern. Die Bohnenmasse in eine Schüssel geben und mit Hackfleisch und Sojamehl vermischen. Mit den Gewürzen gut abschmecken.

Aus der Masse 8 Pattys formen und in etwas Öl in einer Grillpfanne knusprig braten.

Anschließend die Burger Pattys aus der Pfanne nehmen und für die Red Burger Buns (Seite 64) verwenden.

Tipp: Das Topping zu den Pattys kann nach Belieben gewählt werden, z. B. Babyspinat, Sprossenmix usw.

Auf die Gabel

Classic Caesar Salad

MIT GEBRATENEN GARNELEN

Für 4 Portionen

Caesar Salad
1 großer Romanasalat
400 g Garnelen ohne Schale
4 EL Olivenöl
Salz, Pfeffer
2 Scheiben Sauerteigbrot
1 Knoblauchzehe

Dressing
60 g Parmesan
1 Eigelb
1 EL Zitronensaft
2 TL Dijonsenf
1 EL Weißweinessig
1 TL Sardellenpaste
5 EL Olivenöl
Salz, Pfeffer

Den Salat putzen, in Blätter teilen, waschen und trocken schleudern. Dann in mundgerechte Stücke zupfen.

Die Garnelen waschen, falls noch vorhanden, vom Darm befreien und in einer beschichteten Pfanne in 2 EL heißem Öl anbraten. Mit Salz und Pfeffer würzen.

Die Brotscheiben grob würfeln und im restlichen Öl in einer Pfanne zu knusprigen Croûtons rösten. Die Knoblauchzehe schälen, andrücken und mitbraten. Die Croûtons auf Küchenpapier abtropfen lassen und beiseitestellen.

Für das Dressing 40 g Parmesan fein reiben. Eigelb, Zitronensaft, Senf, Essig, Sardellenpaste und Parmesan miteinander verrühren. Nach und nach das Olivenöl dazugeben. Mit Salz und Pfeffer abschmecken.

Den Salat mit dem Dressing locker vermengen. Auf Tellern mit den gebratenen Garnelen und Croûtons anrichten. Den restlichen Parmesan darüber hobeln.

Hülsenfrüchte
Salat
MIT GEMÜSE

Für 4 Portionen
(Standzeit mind. 1 Stunde)

300 ml Gemüsefond
80 g Dinkel
75 g Belugalinsen
150 g weiße Bohnen
(abgetropft, aus der Dose)
4 kleine Karotten
je 1 rote und gelbe Paprikaschote
1 Fenchelknolle
1 Zucchini
1 Stange Staudensellerie
4 EL Olivenöl
1 EL Weißweinessig
Salz, Pfeffer
1 rote Zwiebel
30 g Parmesan

Den Fond aufkochen und den Dinkel nach Packungsanweisung darin bissfest garen. Anschließend abgießen, jedoch den Fond dabei auffangen.

Die Linsen ca. 20 Minuten in kochendem Wasser garen und abschütten. Die weißen Bohnen in einem Sieb abbrausen und abtropfen lassen. Dinkel, Linsen und Bohnen miteinander mischen.

Die Karotten putzen und schälen, die Paprikaschoten putzen, waschen und entkernen. Den Fenchel, die Zucchini und den Sellerie putzen und waschen. Das Gemüse in feine Würfel schneiden und alles in 1 EL Öl in einer Pfanne ca. 3 Minuten anbraten. Das Gemüse abkühlen lassen und mit Dinkel und Hülsenfrüchten mischen.

Das restliche Öl, Essig, Salz und Pfeffer zu einem Dressing verrühren und über den Salat geben. Mindestens 1 Stunde marinieren lassen, gegebenenfalls noch etwas Gemüsefond hinzufügen.

Zum Schluss die Zwiebel schälen und in feine Ringe schneiden. Den Parmesan in dünne Scheiben hobeln und mit den Zwiebelringen über den Salat geben. Sofort servieren.

KNACKIGES GEMÜSE
IM GLAS AUCH "TO GO"

Birne Walnuss

CRUNCH SALAT

Für 4 Portionen

Topping
70 g Walnusskerne
1 Bund Schnittlauch
2 EL getrocknete Cranberrys

Salat
½ Kopf Eichblattsalat
1 Handvoll Babyspinat
1 Birne

Dressing
Saft und Zesten von
1 unbehandelten Zitrone
2 EL Walnussöl
1 EL Olivenöl
Salz, Pfeffer

Für das Topping die Walnusskerne in einer Pfanne bei mittlerer Temperatur ohne Zugabe von Fett rösten, bis sie duften, dann herausnehmen. Schnittlauch waschen, trocken schütteln und in feine Röllchen schneiden.

Den Eichblattsalat putzen, in Blätter zerteilen, zusammen mit dem Babyspinat gründlich waschen und trocken schleudern.

Die Birne waschen, vom Kerngehäuse befreien und mit Schale in feine Spalten schneiden.

Für das Dressing den Zitronensaft und die Zesten mit den beiden Ölen zu einer Vinaigrette verrühren. Mit Salz und Pfeffer abschmecken.

Die Salatzutaten in einer großen Schüssel anrichten. Mit der Vinaigrette mischen, mit Walnusskernen, Schnittlauchröllchen und Cranberrys bestreuen und servieren.

Auf die Gabel

Karotten Salat

ORIENTALISCH

Für 4 Portionen

1 kg Karotten
50 g Ingwer
1 Knoblauchzehe
1 TL Chiliflocken
3 TL Kreuzkümmelpulver
1 TL Kurkumapulver
75 g Kokosblütenzucker
Salz, Pfeffer
200 ml Apfelessig
100 ml Apfelsaft
3 EL Olivenöl
3 EL Cashewkerne
2 TL schwarze Senfsamen
4 Stängel Koriander

Die Karotten putzen, schälen und mithilfe einer Reibe oder einer Küchenmaschine in dünne Streifen raspeln, dann beiseitestellen.

Den Ingwer sowie den Knoblauch schälen und grob hacken. Zusammen mit Chiliflocken, Kreuzkümmel, Kurkuma, Kokosblütenzucker, Salz und Pfeffer in einem Mörser zu einer Paste zerstoßen und in eine Schüssel geben.

Anschließend mit dem Apfelessig und -saft aufgießen. Nach und nach unter ständigem Rühren das Öl einfließen lassen, bis eine sämige Vinaigrette entsteht.

Die Cashewkerne grob hacken und zusammen mit den Senfsamen und Karottenstreifen unter die Vinaigrette mischen. Alles ca. 10 Minuten ziehen lassen.

Inzwischen den Koriander waschen, trocken schütteln und die Blättchen grob hacken. Über den Karottensalat geben und servieren.

Tipp: Dieser Salat schmeckt auch wunderbar, wenn er in einer Pfanne samt Vinaigrette ca. 10 Minuten bei mittlerer Temperatur gegart wird. Auch hierbei den Koriander erst zum Schluss darüber streuen.

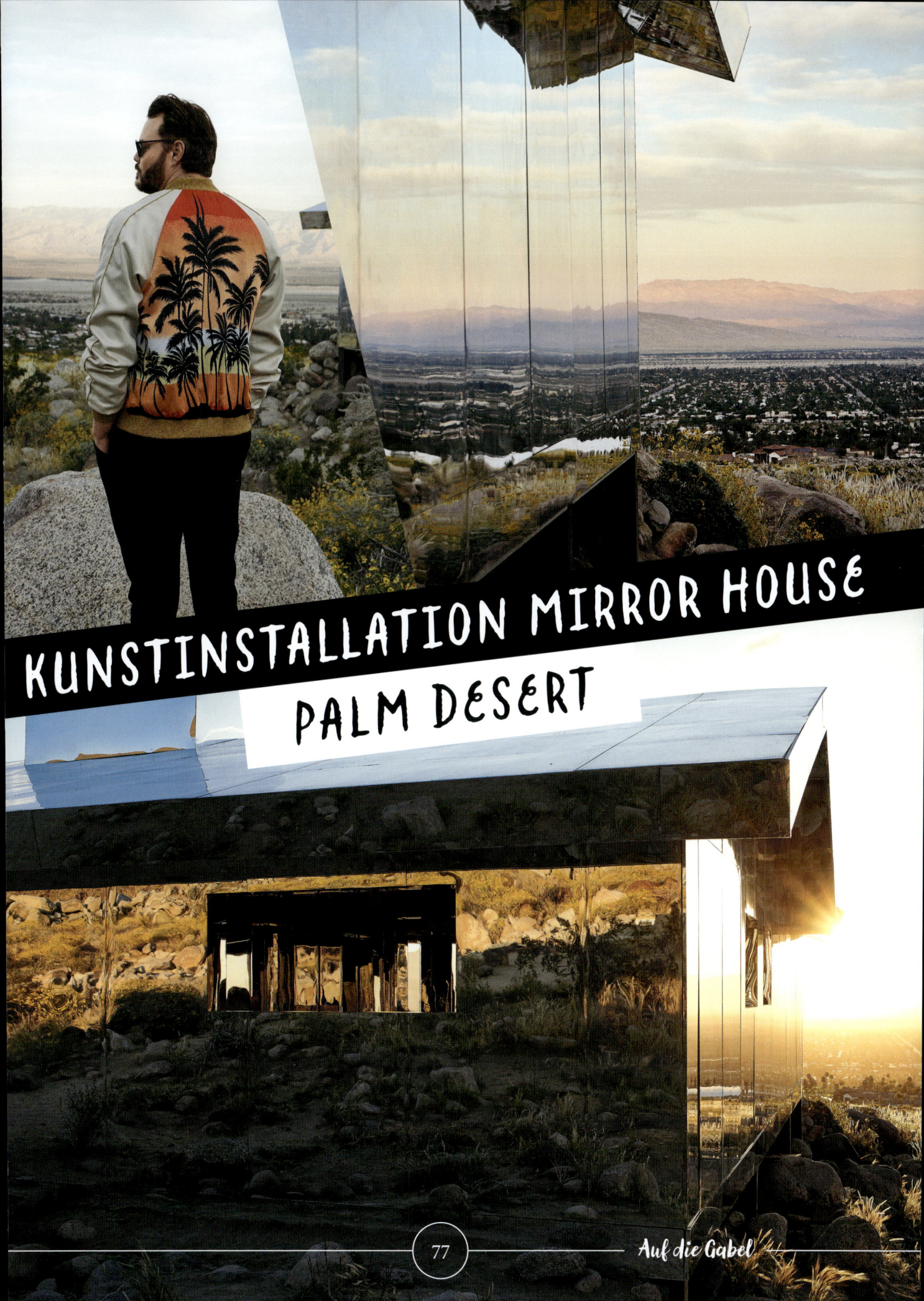

KUNSTINSTALLATION MIRROR HOUSE
PALM DESERT

Tintenfisch Salat

Für 4 Portionen
(Standzeit ca. 20 Minuten)

Salz
1 kg küchenfertiger Tintenfisch
20 Cocktailtomaten
½ Bund glatte Petersilie
2 Stangen Staudensellerie
100 g eingelegte Sardellenfilets
100 g entsteinte
Kalamata-Oliven
Saft von 1 Zitrone
4 EL Olivenöl
Pfeffer

In einem großen Topf reichlich gesalzenes Wasser zum Kochen bringen. Den Tintenfisch waschen und trocken tupfen. Mit den Tentakeln zuerst ins kochende Wasser geben und bei mittlerer Temperatur ca. 60–90 Minuten garen.

Den Garpunkt mithilfe der Gabelprobe feststellen. Wenn sie sich mühelos ins Fleisch stechen lässt, ist der Tintenfisch zart. Den Topf vom Herd nehmen und den Tintenfisch im Kochwasser vollständig erkalten lassen.

Die Cocktailtomaten waschen und halbieren oder vierteln. Die Petersilie waschen, trocken schütteln und die Blättchen grob hacken. Den Staudensellerie putzen, waschen und in schräge Stücke schneiden. Die Sardellenfilets klein schneiden.

Den ausgekühlten Tintenfisch aus dem Sud nehmen, abtropfen lassen und nach Belieben häuten. In kleine Stücke schneiden und zusammen mit den Sardellen, Petersilie, Oliven, Tomaten und Sellerie in eine Schüssel geben.

Den Salat mit Zitronensaft, Olivenöl, Salz und Pfeffer abschmecken. Alles gut miteinander vermischen und mindestens 20 Minuten im Kühlschrank ziehen lassen.

Auf die Gabel

Wurzelgemüse Salat

MIT APRIKOSENDRESSING

Für 4 Portionen

Wurzelgemüse
250 g Karotten
250 g Kohlrabi
100 g Knollensellerie
200 g Rote Bete
Salz

Dressing
4 EL Sweet Chili Sauce
2 EL Weißweinessig
2 EL frisch gepresster
Orangensaft
4 EL Olivenöl
1 TL Sesamöl
Salz, Pfeffer
8 getrocknete Aprikosen

Topping
100 g Pekannüsse

Für den Salat Karotten, Kohlrabi, Sellerie und Rote Bete putzen, schälen und in feine Scheiben schneiden. Dann die Gemüsescheiben in dünne Streifen schneiden und mit Salz würzen.

Für das Dressing die Sweet Chili Sauce mit dem Essig, Orangensaft und den beiden Ölen verrühren. Mit Salz und Pfeffer würzen. Die Aprikosen fein würfeln und dazugeben.

Das Gemüse mit dem Dressing mischen und ca. 10 Minuten durchziehen lassen.

Die Pekannüsse grob hacken. Den Salat mit gehackten Nüssen garniert servieren.

Tipp: Beim Verarbeiten von Rote Bete am besten Handschuhe tragen. Verfärbungen, z. B. auf dem Schneidbrett, lassen sich gut mit Zitronensaft reinigen.

BEETS

SANTA BARBARA
SAN YSIDRO RANCH

Radieschen Salat

MIT RICOTTA

Für 4 Portionen

Salat
3 Bund Radieschen
4 Schalotten

Ricottanocken
300 g Ricotta
½ Bund Schnittlauch
Salz, Pfeffer

Dressing
1 unbehandelte Zitrone
6 EL Olivenöl
Salz, Pfeffer

Außerdem
4 Stängel Kerbel

Für den Salat die Radieschen waschen und putzen. Die Hälfte in dünne Scheiben schneiden, den Rest halbieren. Die Schalotten schälen und in feine Ringe schneiden.

Für die Nocken den Ricotta in einem Sieb abtropfen lassen. Den Schnittlauch waschen, trocken schütteln und in feine Röllchen schneiden. Mit dem Ricotta verrühren, mit Salz und Pfeffer abschmecken.

Für das Dressing die Zitrone heiß abwaschen und trocken reiben. Die Schale in Zesten abziehen und die Zitrone anschließend auspressen. 4 EL Zitronensaft mit den Zesten, Öl, Salz und Pfeffer verquirlen.

Die Radieschen sowie die Schalotten mit dem Zitronendressing mischen und ca. 10 Minuten durchziehen lassen.

Mithilfe von 2 Esslöffeln aus der Ricottamasse Nocken abstechen und den Radieschensalat mit den Nocken anrichten.

Zum Schluss den Kerbel waschen, trocken schütteln und die Blättchen grob zerzupfen. Als Garnitur auf dem Salat anrichten und servieren.

Quinoa Salat

MIT FILETSPIESSEN UND PFIRSICH

Für 4 Portionen

Quinoasalat
200 g Quinoa
500 ml Gemüsebrühe
300 g Salatgurke
Salz
2 Pfirsiche
1 Bund Minze
1 Bund glatte Petersilie
100 g Schafskäse

Dressing
3 EL Zitronensaft
Salz, Pfeffer
Zucker
4 EL Olivenöl

Filetspieße
2 unbehandelte Limetten
1 Prise Chiliflocken
1 Schweinefilet (ca. 500 g)
2 Pfirsiche
1 TL Pflanzenöl
Salz, Pfeffer

Außerdem
8 lange Holzspieße
4 Basilikumspitzen

Die Holzspieße in Wasser einweichen. Für den Salat die Quinoa unter warmem Wasser abspülen. Die Gemüsebrühe in einem Topf aufkochen lassen und die Quinoa darin ca. 18 Minuten köcheln lassen, danach mit einer Gabel im Topf auflockern und beiseitestellen.

Die Gurke putzen, schälen, entkernen und würfeln, leicht salzen und zum Abtropfen in ein Sieb geben. Die Pfirsiche häuten, entsteinen und in Würfel schneiden. Minze und Petersilie waschen, trocken schütteln und die Blättchen fein hacken. Die Salatzutaten in eine Schüssel geben. Den Schafskäse grob zerbröseln und kurz vor dem Servieren unter den Quinoasalat heben.

Für das Dressing Zitronensaft, Salz, Pfeffer, 1 Prise Zucker und Olivenöl verquirlen. Die Salatzutaten damit mischen und durchziehen lassen.

Für die Fleischmarinade die Limetten heiß abwaschen, trocken reiben und die Schale mit einem Zestenreißer abziehen. Die Limetten auspressen. Zesten und Saft mit den Chiliflocken verrühren.

Das Filet waschen, trocken tupfen, in mundgerechte Stücke schneiden und in der Marinade ca. 10 Minuten ziehen lassen. Herausnehmen und abtropfen lassen. Die Pfirsiche waschen, entsteinen und achteln. Abwechselnd mit Filetstücken auf die vorbereiteten Spieße stecken und mit der Marinade bestreichen.

In einer Grillpfanne die Spieße, in dem Öl unter Wenden braten, mit Salz und Pfeffer würzen.

Den Quinoasalat abschmecken und mit den Spießen auf Tellern anrichten, mit Basilikum dekoriert servieren.

VENICE BEACH
ORGANIC SUPERMARKET

Tipp

Außerhalb der Pfifferlingsaison kann der Pastasalat auch mit anderen Pilzen wie z. B. braunen Champignons zubereitet werden.

Organic Raw Kal

$14.9

Pasta Salat

MIT PFIFFERLINGEN

Für 4 Portionen

360 g Fettuccine
Salz
4 EL Olivenöl
160 g Speck in Scheiben
4 Schalotten
400 g Pfifferlinge
2 EL Mohnsaat
10 EL Wermut
1 EL Zitronensaft
Pfeffer
10 Stängel Basilikum
50 g Parmesan

Die Pasta in reichlich kochendem Salzwasser nach Packungsanweisung bissfest garen. Nach Ende der Garzeit die Nudeln abgießen, dabei vom Kochwasser ca. 100 ml auffangen. Anschließend die Nudeln mit 2 EL Olivenöl mischen und etwas abkühlen lassen.

Den Speck in kurze, dünne Streifen schneiden. Die Schalotten schälen, längs halbieren und in Streifen schneiden. Die Pfifferlinge säubern und große Exemplare klein schneiden.

Den Mohn in einer beschichteten Pfanne ohne Zugabe von Fett anrösten, bis er zu duften beginnt. Auf einen Teller geben und abkühlen lassen.

Die Pilze in dem restlichen Öl in der Pfanne bei hoher Temperatur ca. 3 Minuten braten. Die Schalotten zugeben und weitere 4–5 Minuten mitbraten. Anschließend den Wermut angießen und fast vollständig einkochen lassen.

Die Pfanne vom Herd nehmen und ca. drei Viertel des Nudelkochwassers, Zitronensaft, Speck und Mohn unter die Pilze mischen. Alles mit Salz und Pfeffer abschmecken.

Die Mischung mit den Nudeln vermengen und ca. 15 Minuten durchziehen lassen. Nach Bedarf noch etwas Nudelwasser zugeben.

Inzwischen das Basilikum waschen, trocken schütteln, die Blätter abzupfen, hacken und unter die Pasta mischen.

Zum Servieren den Parmesan über den Pastasalat hobeln.

Salat im Glas

MIT ORANGE UND FENCHEL

Für 4 Portionen

Dressing
2 Orangen
3 EL Weißweinessig
1 TL Akazienhonig
Salz, weißer Pfeffer
5 EL Olivenöl

Salat
2 Orangen
2 Fenchelknollen
1 rote Zwiebel
2 EL entsteinte
Kalamata-Oliven

Außerdem
4 verschließbare
Einmachgläser

Für das Dressing von den Orangen den Saft auspressen und mit Essig, Honig, Salz und Pfeffer verrühren. Nach und nach das Olivenöl dazugeben, bis eine Vinaigrette entstanden ist, dann beiseitestellen.

Für den Salat die Orangen samt der weißen Haut schälen und die Filets aus den Trennhäuten schneiden. Den Fenchel putzen und waschen, das Fenchelgrün als Garnitur aufbewahren. Den Fenchel mit einem Küchenhobel oder auf einer Mandoline in feine Scheiben hobeln. Die Zwiebel schälen und in feine Würfel schneiden. Die Oliven in grobe Stücke schneiden.

Nun nacheinander die Salatzutaten in die Einmachgläser schichten. Zuerst etwas von der Vinaigrette hineingeben, dann Orangenfilets, Fenchelscheiben, Zwiebelwürfel und Oliven hinzufügen. Mit der restlichen Vinaigrette begießen.

Die Gläser mit den Deckeln verschließen und bis zum Servieren kühl stellen. Vor dem Servieren kurz und kräftig durchschütteln.

SANTA BARBARA
SAN YSIDRO RANCH

Papaya Salat

MIT REISNUDELN UND TOFU

Für 4 Portionen

Salat
1 Bund Frühlingszwiebeln
4 Karotten
300 g Salatgurke
300 g Romanasalat
60 g ungesalzene Erdnüsse
1 Bund Koriander
400 g Papaya
2 TL Limettensaft
300 g Reisnudeln

Tofu
300 g Natur-Tofu
2 EL Sesamöl
2 EL Sojasauce, z. B. Tamari
2 EL Reissirup
2 TL schwarze Sesamkörner

Dressing
4 Limetten
40 g Ingwer
4 EL Erdnussöl
2 EL Reissirup
4 TL Sesamöl
2 TL geschrotete
Korianderkörner
1 Prise Chiliflocken
Salz, Pfeffer

Das Gemüse putzen, waschen und nach Bedarf schälen. Die Frühlingszwiebeln in feine Ringe und die Karotten in feine Streifen schneiden. Die Gurke halbieren, entkernen und würfeln. Anschließend den Romanasalat in Blätter zerteilen, waschen, trocken schleudern und in Streifen schneiden. Die Erdnüsse klein hacken. Den Koriander waschen, trocken schütteln und die Blättchen hacken. Danach die Papaya schälen, entkernen, in grobe Stücke schneiden und sofort mit etwas Limettensaft beträufeln.

Die Reisnudeln in einer Schüssel mit kochendem Wasser übergießen, mit Frischhaltefolie abdecken und nach Packungsangabe quellen lassen, bis sie bissfest sind. Danach sofort mit kaltem Wasser abschrecken und in einem Sieb gut abtropfen lassen. Anschließend mit Karotten, Gurken, Frühlingszwiebeln und einigen Papayastücken vermischen.

Tofu in mundgerechte Stücke schneiden. Das Sesamöl in einer Pfanne erhitzen und die Tofustücke darin kross anbraten. Mit der Sojasauce ablöschen und mit dem Reissirup karamellisieren lassen. Die Tofustücke aus der Pfanne nehmen, mit den Sesamkörnern vermischen und beiseitestellen.

Für das Dressing die Limetten auspressen. Den Ingwer schälen und fein hacken. Den Limettensaft bis auf 4 EL mit Ingwer, Erdnussöl, Reissirup, Sesamöl, Korianderkörnern, Chiliflocken und 1 Prise Salz zu einem Dressing mixen. Mit Pfeffer abschmecken. Das Dressing über den Salat gießen und gut unterrühren.

Zum Servieren jeweils den Romanasalat verteilen und mit je 1 EL Limettensaft beträufeln. Zwei Drittel Koriander unter den Reisnudelsalat heben und zusammen mit den restlichen Zutaten anrichten.

Ultimativer Wintersalat

Für 4–6 Portionen

Den Ofen auf 200 °C Umluft vorheizen.

Kohlsalat
350 g Rosenkohl
350 g Grünkohl
1 kleiner Radicchio

Den Rosenkohl und Grünkohl putzen, waschen und trocknen. Vom Radicchio die äußersten Blätter entfernen, die übrigen Blätter waschen und trocken schütteln. Rosen- und Grünkohl sowie den Radicchio in sehr feine Streifen schneiden.

Dressing
3 EL Olivenöl
3 EL Apfelessig
1 EL Honig
1 EL Dijonsenf
Salz
Saft von 1 Zitrone
Pfeffer

Alle Dressingzutaten mit einem Pürierstab aufmixen. Das Gemüse mit dem Dressing in einer großen Schüssel vermischen und durchziehen lassen.

Für die gerösteten Nüsse Olivenöl mit Ahornsirup und 1 Prise Salz in einer Schüssel vermengen. Die gehackten Pekannüsse dazugeben und gut durchmischen, sodass alle gleichmäßig mit der Marinade überzogen sind.

Geröstete Nüsse
1 EL Olivenöl
1 EL Ahornsirup
Salz
120 g gehackte Pekannüsse

Die Äpfel waschen, das Kerngehäuse entfernen und das Fruchtfleisch in Stifte schneiden. In einer Schüssel mit dem Apfelessig und Zitronensaft mischen. Die Granatapfelkerne unterheben.

Die Nüsse auf ein mit Backpapier ausgelegtes Backblech geben und im Ofen für 7–8 Minuten rösten. Sie dürfen nicht verbrennen! Aus dem Ofen nehmen und auskühlen lassen.

Äpfel
2 Äpfel, z. B. Granny Smith
1 EL Apfelessig
1 EL Zitronensaft
Kerne von ½ Granatapfel

In der Zwischenzeit die Salatmischung mit den Äpfeln und Granatapfelkernen vermengen. Die ausgekühlten Pekannüsse unterheben. Nach Belieben Parmesan darüber hobeln. Den Salat sofort servieren.

Außerdem
20 g Parmesan, nach Belieben

Auf den Löffel

Hühner Suppe

"FUSION STYLE"

Für 4 Portionen

Hühnersuppe

1 küchenfertiges Suppenhuhn
4 Karotten
4 Stangen Staudensellerie
1 Stange Lauch
1 Schalotte
1 Knoblauchzehe
6 Zweige Thymian
3 Stängel glatte Petersilie
2 frische Lorbeerblätter
1 TL Pfefferkörner
3 l Wasser

Grünkohlpesto

3 Stängel glatte Petersilie
½ Bund Basilikum
150 g tiefgefrorener Grünkohl,
aufgetaut
40 g Pinienkerne
40 g geriebener Parmesan
125 ml Olivenöl
Salz, Pfeffer

Ricottanocken

300 g Ricotta
50 g geriebener Parmesan
100 g Weizenmehl
2 Eier
Salz, Pfeffer

Für die Suppe das Huhn waschen und trocken tupfen. Die Karotten putzen und schälen. Den Sellerie putzen, waschen und zusammen mit den Karotten klein schneiden. Den Lauch putzen, waschen und in Ringe schneiden. Die Schalotte und Knoblauchzehe schälen. Die Kräuter waschen, trocken schütteln und die Blättchen abzupfen.

Das Huhn mit der Hälfte der Karotten und des Selleries, Lauchringen, Schalotte, Knoblauch, Petersilie, Thymian, Lorbeerblättern und Pfefferkörnern im Wasser aufkochen und ca. 1 ½ Stunden lang köcheln lassen. Dann das Suppenhuhn herausnehmen und erkalten lassen.

Inzwischen für das Pesto die Petersilie und das Basilikum waschen, trocken schütteln und die Blättchen von den Stängeln zupfen. Den Grünkohl mit Kräutern, Pinienkernen, Parmesan, Öl, Salz und Pfeffer in einem Mixer zu Pesto pürieren. Gegebenenfalls noch einmal nachwürzen. Dann beiseitestellen.

Für die Nocken Ricotta, Parmesan, Mehl, Eier und 1 EL Grünkohlpesto mit etwas Salz und Pfeffer zu einer glatten Masse verarbeiten. Die Masse beiseitestellen.

Das erkaltete Hähnchenfleisch von den Knochen lösen und würfeln. Die Kochbrühe durch ein feines Sieb in einen Topf passieren. Anschließend das restliche ungekochte Gemüse dazugeben und alles einige Minuten bissfest garen.

Von der Ricottamasse kleine Nocken abstechen und in der nicht mehr kochenden Brühe ca. 8 Minuten gar ziehen lassen. Das Fleisch zugeben und weitere 2 Minuten in der Suppe erwärmen.

Zum Servieren die Suppe in vorgewärmten Tellern anrichten und mit dem übrigen Pesto garnieren.

Tipp: Sollte noch etwas Pesto übrig sein, einfach in ein Schraubglas mit Deckel füllen, mit Öl bedecken und im Kühlschrank aufbewahren. Dort hält es sich etwa 2 Wochen.

Info: Sollte die Ricottamasse noch zu feucht sein, einfach noch 1–2 Esslöffel Grieß unterrühren.

Auf den Löffel

Ein neues glänzendes L.A.

Aus einer architektonischen Wüste aus Banken und Lagerhallen entsteht ein neues, ein glänzendes L.A.

Seit der Eröffnung des Ace-Hotels am Broadway wurde die Innenstadt das Hipster-Mekka der Westküste. Eine Mischung aus High-Design-Restaurants und coolen Bars unweit der Art-Deco-Theater des historischen Kerns. Der Grand Central Market: ein riesiger Speisesaal.

LOS ANGELES DOWNTOWN
DAS GROSSE COMEBACK

Tipp

Wer es etwas feuriger mag, würzt die Gazpacho mit ein paar Spritzern Tabasco.

Gazpacho
MIT BROTSTICKS

Für 4 Portionen
(Standzeit über Nacht)

2 rote Paprikaschoten
1 kleine Fenchelknolle
2 Stangen Staudensellerie
1 Salatgurke
1 rote Zwiebel
3 Knoblauchzehen
1 kg Tomaten
1 Bund Basilikum
Salz
2 Scheiben Toastbrot
150 ml Tomatensaft
3 EL Sherryessig
8 EL Olivenöl
Pfeffer
Chiliflocken
1 Schalotte
2 TL Kapern
8 entsteinte Kalamata-Oliven
2 EL gehackte Petersilie
4 Scheiben Sauerteigbrot

Die Paprikaschoten, den Fenchel und den Sellerie putzen und waschen. Die Paprikaschoten entkernen. Die Gurke putzen, waschen und schälen. Zwiebel und Knoblauch schälen. Alle Gemüse fein würfeln. Die Tomaten waschen, vom Stielansatz befreien und fein hacken.

Das Basilikum waschen, trocken schütteln und die Blätter abzupfen. Etwas vom Basilikum für die Garnitur beiseitelegen. Das restliche Basilikum mit dem Gemüse und 1 TL Salz mischen und ca. 15 Minuten ziehen lassen.

Die Toastscheiben im Tomatensaft einweichen. Den eingeweichten Toast mit Tomatensaft, Essig, 6 EL Öl und dem Gemüse fein pürieren. Alles durch ein Sieb passieren und mit Salz, Pfeffer und Chiliflocken abschmecken. Die Gazpacho über Nacht im Kühlschrank kalt stellen.

Am nächsten Tag die Schalotte schälen und mit den Kapern sowie Oliven fein hacken. Mit der Petersilie vermischen.

Die Sauerteigbrotscheiben in längliche Stücke schneiden und im restlichen Öl von beiden Seiten goldbraun braten. Die Kapern-Oliven-Mischung darauf verteilen.

Die Gazpacho aus dem Kühlschrank nehmen, durchrühren, nochmals abschmecken und anrichten. Mit den Brotsticks servieren.

Auf den Löffel

Asia Hotpot

Für 4 Portionen
(Standzeit ca. 1 Stunde)

1 Kombu Alge
2 l Wasser
8 getrocknete Shiitake-Pilze
1 Karotte
75 g Rettich
1 Staude Staudensellerie
2 Frühlingszwiebeln
5 EL Sojasauce, z. B. Tamari
2 EL Erdnussöl
250 g Pak Choi
150 g Chinakohl
200 g Udon Nudeln
2 EL Maisstärke
2 EL helle Miso Paste
200 g Tofu
2 EL Sesamöl
Salz, Pfeffer

Die Kombu Alge feucht abwischen und in 1,5 l Wasser mindestens 1 Stunde lang einweichen. Das restliche Wasser aufkochen und die Shiitake-Pilze darin ebenfalls 1 Stunde einweichen.

Dann die Pilze samt Wasser mit Kombu-Einweichwasser in einem großen Topf erhitzen. Vor dem Kochen die Alge herausnehmen und entfernen. Die Pilze bei niedriger Temperatur und geschlossenem Deckel ca. 5 Minuten köcheln lassen.

Die Karotte und den Rettich putzen, schälen und beides in nicht zu feine Scheiben schneiden. Den Staudensellerie putzen, waschen und in grobe Stücke schneiden. Die Frühlingszwiebeln putzen, waschen und jeweils den weißen Teil in Streifen schneiden.

Das Gemüse mit Sojasauce und Erdnussöl in den Topf zu den Pilzen geben und gut durchrühren.

Den Pak Choi waschen, trocken schütteln und den weißen Teil in Spalten schneiden, die Blätter grob hacken. Den Chinakohl putzen, in einzelne Blätter teilen, waschen, abtropfen lassen und in gut 4 cm große Stücke schneiden.

Den Chinakohl 10 Minuten nach dem übrigen Gemüse zusammen mit den Pak Choi-Spalten in die Suppe geben. Nach weiteren 5 Minuten das Pak Choi Grün und die Udon Nudeln hinzufügen.

RAMEN BAR – DOWNTOWN L.A.

Währenddessen die Maisstärke in kaltem Wasser anrühren und in die Suppe geben. Unter mehrmaligem Rühren ca. 2 Minuten köcheln lassen. Die Temperatur auf die kleinste Stufe reduzieren.

Die Miso Paste durch ein Sieb in die Suppe streichen und unterrühren. Den Tofu in Würfel schneiden und 2 Minuten im Hotpot heiß werden lassen.

Den Hotpot mit dem Sesamöl, Salz und Pfeffer abschmecken und servieren.

Gemüse Suppe
MIT KOKOS

Für 4 Portionen

Suppe
20 g Ingwer
1 rote Chilischote
150 g festkochende Kartoffeln
150 g Karotten
200 g Brokkoli
je 1 rote und gelbe Paprikaschote
100 g braune Champignons
600 ml Gemüsefond
400 ml Kokosmilch
100 g tiefgefrorene Erbsen
Salz, Pfeffer
1 TL unbehandelte
Limettenzesten
2–3 EL Limettensaft

Topping
30 g Koriander
40 g geschälte Erdnüsse

Für die Suppe den Ingwer schälen und in dünne Scheiben schneiden. Die Chilischote putzen, waschen, entkernen und in dünne Ringe schneiden.

Die Kartoffeln und Karotten schälen. Die Kartoffeln in ca. 2 cm große Stücke schneiden. Die Karotten längs halbieren und quer in dünne Scheiben hobeln.

Den Brokkoli waschen, die Röschen vom Strunk trennen und in mundgerechte Stücke schneiden. Die Paprikaschoten putzen, waschen, entkernen und klein schneiden. Die Champignons säubern und in dünne Scheiben schneiden.

Den Gemüsefond mit der Kokosmilch in einem Topf aufkochen. Ingwer, Chili, Kartoffeln sowie Karotten zugeben und bei mittlerer Temperatur ca. 10 Minuten leicht köcheln lassen.

Nach ca. 3 Minuten die Brokkoliröschen, Paprika, Champignons und Erbsen zugeben. Mit Salz, Pfeffer, Limettenzesten und -saft abschmecken.

Für das Topping den Koriander waschen, trocken schütteln und mit den Stängeln grob schneiden. Mit den Erdnüssen in einem Blitzhacker krümelig mixen.

Die Suppe auf 4 Schalen oder Teller verteilen. Zum Servieren mit je 1 TL Erdnuss-Koriander-Topping bestreuen.

Veggie Time

Capellini "Venice"

Für 4 Portionen
30 g Ingwer
2 Knoblauchzehen
1 rote Chilischote
300 g Karotten
1 Bund Frühlingszwiebeln
200 g Zuckerschoten
1 reife Papaya
30 g Walnusskerne
1 Bund Koriander, nach Belieben
½ Bund glatte Petersilie
3 EL Olivenöl
Salz, Pfeffer
500 g Capellini
2 unbehandelte Limetten

Den Ingwer und den Knoblauch schälen und fein hacken. Die Chilischote putzen, waschen, entkernen und in feine Streifen schneiden. Die Karotten putzen, schälen und in Scheiben schneiden. Die Frühlingszwiebeln putzen, waschen, trocken schütteln und in 2 cm große Stücke schneiden. Die Zuckerschoten putzen, waschen und schräg halbieren. Die Papaya schälen, halbieren, die Kerne mit einem Löffel herauslösen und das Fruchtfleisch in Streifen schneiden. Die Walnüsse grob hacken. Nach Belieben Koriander und Petersilie waschen und trocken schütteln. Die Blättchen von den Stängeln zupfen und hacken.

Nüsse, Kräuter und 2 EL Olivenöl verrühren und mit Salz und Pfeffer abschmecken.

Die Pasta nach Packungsanweisung in reichlich kochendem Salzwasser garen, anschließend abgießen und etwa 100 ml Kochwasser auffangen.

In einer großen Pfanne das restliche Olivenöl erhitzen, den Ingwer mit Knoblauch und dem Gemüse darin andünsten, mit Salz und Pfeffer abschmecken.

Die Pasta sowie die Papayastreifen zum Schluss unterheben, das aufgefangene Kochwasser zugießen und alles kurz erwärmen.

Die Limetten heiß abwaschen, trocken reiben und eine auspressen. Die andere Limette in Spalten schneiden. Die Pasta mit Limettensaft abschmecken und in tiefen Tellern anrichten. Mit Limettenspalten und der Walnuss-Kräuter-Mischung garnieren.

Blumen-kohl

AUS DEM OFEN

Für 4 Portionen

700 g Blumenkohlröschen
3 EL Olivenöl
1 Prise Sumach
Salz, Pfeffer
100 g getrocknete Aprikosen
50 g Haselnüsse
1 Handvoll Rucola
100 g Burrata
1 EL Zitronensaft
1 EL Ahornsirup

Den Backofen auf 180 °C Umluft vorheizen.

Die Blumenkohlröschen waschen und trocken tupfen. Das Olivenöl mit dem Sumach mischen und die Röschen darin wenden. Mit Salz und Pfeffer würzen.

Den Blumenkohl in eine hitzebeständige Form geben und ca. 30 Minuten im Ofen backen.

Die Aprikosen würfeln. Die Haselnüsse grob hacken und in einer Pfanne ohne Zugabe von Fett rösten.

Den Rucola putzen, waschen und trocken schleudern. Den Burrata mit zwei Gabeln in Stücke zupfen.

Rucola, Aprikosenwürfel, Haselnüsse, Burrata, Zitronensaft und Ahornsirup mischen und über die Blumenkohlröschen geben. Sofort servieren und genießen.

Infos

Das Gewürz Sumach hat einen besonders fruchtig und leicht herben Geschmack. Es weist eine angenehme Säure auf, die aber milder als die von Zitrusfrüchten ist.

Burrata ist ein italienischer Frischkäse, der äußerlich an Mozzarella erinnert, jedoch im Inneren eine cremig-sahnige Konsistenz besitzt.

Tipp

Kaffir-Limettenblätter sind im gut sortierten Asialaden erhältlich.

Falls sie dennoch nicht zu bekommen sind, eignet sich als Ersatz Zitronengras oder Limettenschale.

Veggie Curry

Für 4 Portionen
150 g Karotten
150 g Pastinaken
150 g Knollensellerie
150 g Steckrübe
250 g Süßkartoffeln
2 rote Zwiebeln
2 Knoblauchzehen
25 g Ingwer
4 Tomaten
Salz
2 EL Olivenöl
2 EL Tomatenmark
2 EL gelbe Currypaste
600 ml Kokosmilch
4 Kaffir-Limettenblätter
Pfeffer
Saft von 1 Limette
1 EL gehackter Koriander,
nach Belieben

Die Karotten, die Pastinaken, den Knollensellerie und die Steck-rübe sowie die Süßkartoffeln putzen, schälen und in grobe Würfel schneiden. Die Zwiebeln schälen, halbieren und in Spalten schneiden. Die Knoblauchzehen und den Ingwer schälen und beides fein hacken. Die Tomaten waschen, Stielansätze heraus-schneiden, achteln und die Kerne entfernen.

Die Steckrübenwürfel in reichlich kochendem Salzwasser ca. 5 Minuten kochen. Nach 2 Minuten die Karotten-, Pastinaken-, Sellerie- sowie Süßkartoffelwürfel dazugeben. Die Gemüsewürfel in Eiswasser abschrecken und in einem Sieb gut abtropfen lassen.

Das Olivenöl in einer Pfanne oder großem Topf erhitzen und die Zwiebelspalten darin anbraten, dann wieder herausnehmen.

Knoblauch, Ingwer, Tomatenmark und Currypaste in die Pfanne geben und unter Rühren kurz anrösten. Mit der Kokosmilch ab-löschen. Danach Gemüsewürfel, Zwiebeln und Limettenblätter dazugeben. Das Curry bei mittlerer Temperatur ca. 15 Minuten köcheln lassen.

Kurz vor dem Ende der Kochzeit die Tomatenachtel dazugeben. Alles mit Salz, Pfeffer und dem Limettensaft abschmecken. Vor dem Servieren nach Belieben mit Koriander garnieren.

Zucchini Fritters

Für 4 Portionen

Pilzrahm
500 g Champignons
1 Schalotte
1 Knoblauchzehe
4 EL Butter
100 ml trockener Weißwein
200 ml Sahne
2 EL Crème fraîche
Salz, Pfeffer

Zucchini Fritters
400 g Zucchini
Salz
400 g mehligkochende
Kartoffeln
2 Eier
3–4 EL Kartoffelstärke
Pfeffer
Muskatnuss
1 Bund glatte Petersilie
4 EL Pflanzenöl

Für den Pilzrahm die Champignons säubern und in Scheiben schneiden. Schalotte und Knoblauch schälen und fein hacken.

Die Butter in einer Pfanne erhitzen, die Champignons darin anbraten und herausnehmen. Anschließend in der Butter die Schalotte und den Knoblauch andünsten. Mit dem Weißwein ablöschen und ca. 5 Minuten einkochen.

Pilze, Sahne und die Crème fraîche zufügen und weitere 5 Minuten köcheln lassen. Mit Salz und Pfeffer würzen. Warm stellen.

Für die Fritters die Zucchini putzen, waschen und auf einer Reibe oder mithilfe einer Küchenmaschine grob reiben, dann salzen. Die Kartoffeln schälen, waschen und ebenfalls grob reiben.

Zucchini- und Kartoffelraspel in einem Küchenhandtuch ausdrücken und mit den Eiern und der Stärke vermischen. Alles mit Salz, Pfeffer und frisch geriebener Muskatnuss würzen.

Die Petersilie waschen, trocken schütteln und die Blättchen fein hacken. Unter die Zucchini-Kartoffel-Masse heben.

Das Öl in einer beschichteten Pfanne erhitzen. Die Masse in kleinen Portionen, z. B. mithilfe eines Eisportionierers, in die Pfanne geben, etwas flach drücken und ca. 3–4 Minuten von jeder Seite goldbraun braten.

Die fertigen Fritters auf einem Teller mit Küchenpapier abtropfen lassen. Mit Pilzrahm servieren.

Veggie Time

Zum Coachella Music Festival ist das ganze Valley im Ausnahmezustand. "Place to be" der Hipster- und L.A.-Wochenend-besucher. Eigentlich findet das Festival in Indio statt und nicht in Coachella. Auf einem 300.000 qm großen Poloplatz. Macht aber nichts: Coachella ist das Trend-Event – längst auch für alle Foodporn-Genießer. Stars, Sternchen und Blogger lieben das Coachella Festival. Nicht nur wegen Musik und Fashion. Jedes Jahr werden dort die neuesten Food-Trends serviert. Von Tortillas, Grünkohl-Wraps und Mango Chia Popsicles bis zu leckerem Healthy Food wie grüne Säfte, vegane Smoothie Bowls und Avocado Brownies. Die angesagtesten Restaurants bieten ihre neuesten Kreationen an. Immer mit einem neuen Twist, immer extrem verlockend.

COACHELLA
"PLACE TO BE"

VENICE BEACH
COMMUNITY GARDEN

Risotto
MIT ZUCCHINIBLÜTEN

Für 4 Portionen
1 Schalotte
50 g Butter
400 g Risottoreis, z. B. Carnaroli
200 ml trockener Weißwein
1 l Gemüsebrühe
8 Babyzucchini mit Blüte
80 g geriebener Parmesan
Salz, Pfeffer

Die Schalotte schälen und fein hacken. 25 g Butter in einem Topf erhitzen und die Schalotte darin glasig dünsten.

Den Reis zur Schalotte geben und einige Minuten unter Rühren anschmoren. Mit dem Wein ablöschen und köcheln, bis die Flüssigkeit vollständig aufgenommen wurde.

Inzwischen die Gemüsebrühe in einem Topf erhitzen. Die Zucchini mit Blüten vorsichtig waschen und trocknen.

Eine Schöpfkelle Brühe zum Reis geben und so lange rühren, bis dieser die Flüssigkeit aufgenommen hat. So fortfahren, bis der Reis nach ca. 15 Minuten noch "al dente", aber auch schön cremig ist (die Menge der benötigten Brühe kann je nach Reisqualität abweichen).

Nach ca. 7–8 Minuten die Zucchini mit Blüte zum Risotto geben und vorsichtig mitgaren.

Zum Schluss den Parmesan und die restliche Butter unter das Risotto heben. Kurz ziehen lassen, noch einmal durchrühren, mit Salz und Pfeffer abschmecken und sofort servieren.

Kürbis Spinat

AUFLAUF

Für 4 Portionen

650 g Blattspinat
1 rote Zwiebel
600 g Kürbis, z. B. Hokkaido
2 EL Olivenöl
Salz, Pfeffer
Muskatnuss
100 g getrocknete Tomaten
300 g Feta
Fett für die Form
150 g Naturjoghurt
2 EL Ajvar
Zitronensaft

Den Backofen auf 180 °C Umluft vorheizen.

Den Spinat putzen, gründlich waschen und abtropfen lassen. Die Zwiebel schälen und fein würfeln. Den Kürbis waschen, trocken reiben, halbieren, entkernen und in dünne Spalten schneiden.

Das Olivenöl in einer großen Pfanne erhitzen und die Zwiebel sowie den Kürbis darin ca. 5 Minuten dünsten, dann den Spinat untermischen. Mit Salz, Pfeffer und frisch geriebener Muskatnuss würzen.

Die getrockneten Tomaten grob würfeln. Den Feta grob zerbröseln. Beides mit der Spinat-Mischung vermengen und in eine gefettete Auflaufform geben. Im Backofen ca. 20 Minuten backen.

Währenddessen den Joghurt, Ajvar, Salz und Pfeffer miteinander verrühren und mit einem kräftigen Spritzer Zitronensaft abschmecken.

Den Auflauf aus dem Ofen nehmen und mit der Joghurtsauce servieren.

Tipp: Der Hokkaido-Kürbis lässt sich besonders einfach und schnell zubereiten, denn er braucht nicht geschält zu werden.

KÜRBIS UND MUSKAT
EIN TOLLES TEAM

organic
ground
nutmeg
Myristica fragrans
India
48

Zoodles

Zucchini-Spaghetti begegnen einem auch unter dem Begriff Zoodles. Das ist eine Kombination aus den beiden Wörtern Zucchini und Noodles. Wer für die Herstellung weder Spiralschneider noch Julienneschäler besitzt, kann auch mit einem normalen Sparschäler längs Streifen abschälen und diese dann in dünne Spaghetti schneiden.

Zucchini Spaghetti
MIT PETERSILIEN-PESTO

Für 4 Portionen

Petersilien-Pesto
1 Bund glatte Petersilie
2 Knoblauchzehen
Saft von 1 Limette
100 ml Olivenöl
Salz, Pfeffer

Zucchini-Spaghetti
1 kg gelbe und grüne Zucchini
400 g Kirschtomaten
1 rote Zwiebel
2 EL Olivenöl
Salz, Pfeffer
Chilipulver
1 Spritzer Limettensaft
100 g Parmesan

Für das Pesto die Petersilie waschen, trocken schütteln und die harten Stängel entfernen. Knoblauch schälen und hacken. Beides in einen Mörser geben und zerstoßen. Den Limettensaft und das Olivenöl zufügen, alles zu einer dickflüssigen Emulsion verreiben. Mit Salz und Pfeffer abschmecken.

Für die Gemüse-Spaghetti die Zucchini putzen, waschen und mit einem Spiralschneider in "Spaghetti" schneiden. Alternativ einen Julienneschäler verwenden. Die Tomaten waschen und halbieren. Die Zwiebel schälen, halbieren und in feine Streifen schneiden.

Das Öl bei mittlerer Temperatur in einer Pfanne erwärmen. Die Zucchini-Spaghetti und die Zwiebelstreifen darin bissfest dünsten. Tomaten etwas später zugeben und kurz darin schwenken. Mit Salz, Pfeffer, Chilipulver und Limettensaft abschmecken.

Die Zucchini-Spaghetti direkt mit dem Petersilien-Pesto mischen und anrichten. Den Parmesan auf einem Sparschäler in Stücke hobeln und darüber verteilen.

Tipp: Falls noch Pesto übrig ist, einfach in ein verschließbares Glas geben, mit Olivenöl bedecken und im Kühlschrank kalt gestellt aufbewahren.

Glasierte Karotten

MIT SESAM

Für 4 Portionen

Glasur
2 Knoblauchzehen
30 g Butter
100 ml Ahornsirup
2 EL Zucker
3 EL frisch gepresster
Orangensaft
2 TL Sojasauce, z. B. Tamari
1 EL Weißweinessig
1 EL frisch gehackter Ingwer

Karotten
2 Bund Karotten
2 EL Pflanzenöl
2 EL Sesamsamen
1 EL Schwarzkümmelsamen
Salz
2 EL Korianderblätter

Für die Glasur den Knoblauch schälen und fein hacken. In einer Pfanne die Butter zerlassen und den Knoblauch darin anbraten. Alle weiteren Zutaten zugeben und unter Rühren köcheln, bis die Masse dickflüssig wird. Dann abkühlen lassen.

Die Karotten putzen und schälen. Mit dem Öl bestreichen und bei indirekter Hitze auf einem Grill oder in einer Grillpfanne ca. 20 Minuten bissfest garen.

Gegen Ende der Garzeit die Karotten mit der Glasur bestreichen. Zum Servieren mit Sesam, Schwarzkümmel, Salz und Korianderblättern bestreuen.

INGWER GIBT DER KAROTTE DAS GEWISSE ETWAS

TEX-MEX-KÜCHE STEHT FÜR CHILIS UND ANDERE SCHARFE GEWÜRZE

Quinoa Tex-Mex

Für 4 Portionen

175 g Quinoa
Salz
300 g Babyspinat
1 Dose (425 g) Kichererbsen
3 Tomaten
1 unbehandelte Limette
2 EL Butter
1 TL Chilipulver
Pfeffer
3 EL Cashewkerne
6 Stängel Koriander

Die Quinoa in ein Sieb geben und unter fließendem, lauwarmem Wasser so lange waschen, bis das Wasser klar abläuft. Dann in einem Topf mit reichlich kochendem Salzwasser ca. 10 Minuten garen. Nach Ende der Garzeit in einem Sieb abtropfen lassen.

Den Spinat putzen, gründlich waschen und abtropfen lassen. Die Kichererbsen in einem Sieb abbrausen und abtropfen lassen. Die Tomaten waschen, vom Stielansatz befreien und klein schneiden.

Die Limette heiß abwaschen, trocken reiben und einen Teil der Schale in Zesten abziehen. Danach die Limette halbieren und den Saft auspressen.

Die Butter in einer Pfanne schmelzen lassen. Das Chilipulver, 1 TL Limettenzesten und 2 EL Limettensaft untermischen. Quinoa zugeben und Kichererbsen, Tomaten sowie Spinat untermischen. Alles heiß werden lassen und mit Salz und Pfeffer abschmecken.

Die Cashewkerne grob hacken. Den Koriander waschen, trocken schütteln und die Blättchen abzupfen.

Das Gericht mit Cashewkernen und Korianderblättern garniert servieren.

Info: Die Quinoa zählt zu den Pseudogetreiden und ist daher glutenfrei. Das kleine Korn ist reich an pflanzlichem Eiweiß und lässt sich wie Reis, Couscous oder Bulgur verwenden.

Ricotta Tarte

MIT MEERESSPARGEL

Für 6 Portionen
(Standzeit ca. 2 Stunden)

Teig
200 g Weizenmehl
Salz
120 g kalte Butterwürfel
50 ml Eiswasser

Belag
200 g Kirschtomaten
250 g Meeresspargel (Queller)
250 g Ricotta
4 Eier
Salz, Pfeffer
40 g Parmesan

Außerdem
Fett für die Form
Weizenmehl zum Bearbeiten

Das Mehl mit 1 Prise Salz mischen und die Butter mithilfe einer Küchenmaschine oder eines Handrührgeräts darunter kneten. Anschließend bei laufender Maschine das Eiswasser einarbeiten.

Den Teig aus der Maschine nehmen, zu einer Kugel formen und in Frischhaltefolie gewickelt ca. 2 Stunden im Kühlschrank ruhen lassen.

Währenddessen für den Belag die Tomaten putzen, waschen und vierteln. Den Meeresspargel ebenfalls putzen, waschen und trocknen. Den Ricotta mit den Eiern verrühren, salzen und pfeffern.

Den Backofen auf 160 °C Umluft vorheizen. Eine Tarteform (Ø 26 cm) einfetten.

Den Teig ca. 10 Minuten vor dem Bearbeiten aus dem Kühlschrank nehmen. Dann auf einer leicht bemehlten Arbeitsfläche passend für die Form rund ausrollen und die Tarteform damit auskleiden, sodass auch der Rand bedeckt ist.

Von dem Meeresspargel etwa drei Viertel auf dem Teig verteilen, danach die Ricotta-Eier-Mischung darüber gießen. Die geviertelten Kirschtomaten drauflegen und den Parmesan mit einem Sparschäler großzügig darüber hobeln.

Die Tarte im Ofen ca. 35–40 Minuten backen. Vor dem Servieren mit dem restlichen Meeresspargel garnieren.

Meeres-spargel

Meeresspargel ist ein Wildgemüse.
Es hat einen würzig-salzigen Geschmack
und wird entweder roh als Salat oder
gekocht gegessen.

Aus der Pfanne

Grilled Steaks

MIT BBQ SAUCE

Für 4 Steaks

Steaks
4 Rib Eye Steaks (à ca. 300 g)
2 EL Olivenöl
Salz, Pfeffer

BBQ Sauce
1 Schalotte
4 Knoblauchzehen
1 EL Olivenöl
1 TL Senfpulver
1 TL Chiliflocken
3 TL Rohrohrzucker
450 g Ketchup
80 ml Worcestersauce
80 ml Apfelessig
1 EL Zuckerrübensirup
Pfeffer

Den Grill vorbereiten und auf die richtige Grilltemperatur bringen.

Die Steaks gut 30 Minuten vor der Zubereitung aus dem Kühlschrank nehmen, damit sie sich auf Zimmertemperatur erwärmen. Kurz vor der Zubereitung die Steaks waschen und gut trocken tupfen. Jeweils von beiden Seiten zuerst mit dem Öl bestreichen, dann salzen und pfeffern.

Für die BBQ Sauce die Schalotte und Knoblauchzehen schälen und fein hacken. Das Öl in einem Topf erhitzen und Schalotte sowie Knoblauch glasig dünsten. Gelegentlich umrühren und keine Farbe nehmen lassen.

Das Senfpulver und die Chiliflocken einrühren und kurz mitkochen. Anschließend die Temperatur reduzieren und Zucker, Ketchup, Worcestersauce, Essig sowie Zuckerrübensirup einrühren und mit Pfeffer würzen.

Die Sauce unter mehrmaligem Umrühren ca. 5–10 Minuten dickflüssig einkochen. In ein verschließbares Glas füllen und auskühlen lassen.

Die Steaks auf dem Grill platzieren und auf der ersten Seite 4–5 Minuten grillen, dann wenden und zu Ende grillen. Für medium-rare ungefähr 3–5 Minuten, 5–7 Minuten für medium oder 8–10 Minuten für medium-well. Alternativ in einer Grillpfanne zubereiten.

Die Steaks nach dem Grillen auf ein Brett legen und leicht abdeckt mindestens 5 Minuten ruhen lassen. Dann mit der BBQ Sauce servieren und genießen.

Aus der Pfanne

Maiskolben
MIT KOKOS-JALAPEÑO-BUTTER

Für 4 Portionen

Jalapeño-Butter
1–2 Jalapeños
100 g Butter
2 TL Honig
1 EL Limettensaft
Zesten von 1 unbehandelten
Limette
Salz, Pfeffer

Maiskolben
4 Maiskolben
½ Bund Koriander
4 EL Kokosraspel

Für die Butter die Jalapeños putzen, waschen, nach Belieben entkernen oder hacken. Zusammen mit den restlichen Zutaten vermischen und mit Salz und Pfeffer abschmecken. Die Butter mithilfe von Frischhaltefolie zu einer Rolle formen und kalt stellen.

Den Grill vorbereiten und auf die richtige Grilltemperatur bringen.

Die Maiskolben putzen, waschen, trocken reiben und bei indirekter Hitze oder in einer Grillpfanne auf dem Herd ca. 15–20 Minuten gar grillen, dabei immer wieder wenden.

Inzwischen den Koriander waschen, trocken schütteln und die Blättchen fein hacken. Die Kokosraspel in einer Pfanne ohne Zugabe von Fett rösten. Zum Servieren die Maiskolben mit Kokosraspel und Korianderblättchen bestreuen.

Die Jalapeño-Butter dazureichen.

Info: Jalapeños sind kleine Chilischoten mit höherem Schärfegehalt. Wer es etwas milder mag, nimmt längliche, grüne Chilischoten.

Aus der Pfanne

PALM SPRINGS

Fried Chicken

Für 4 Portionen

Pflanzenöl zum Frittieren
1 küchenfertiges
Brathähnchen (ca. 1,6 kg)
3 Eier
4 EL Sahne
100 g Weizenmehl
50 g Semmelbrösel
2 TL 5-Gewürze-Pulver
Salz, Pfeffer
Cayennepfeffer

Den Backofen auf 180 °C Umluft vorheizen. Das Öl in einem ausreichend großen Topf oder Pfanne zum Frittieren erhitzen.

Das Brathähnchen waschen und trocken tupfen. Dann in 4 Stücke teilen. Die Eier mit der Sahne verquirlen.

Die Hähnchenteile mit dem Mehl bestäuben und in die Ei-Sahne-Mischung tauchen. Etwas abtropfen lassen.

Mehl, Semmelbrösel und die Gewürze miteinander mischen und die Hähnchenteile darin wenden.

Anschließend portionsweise in dem Öl ca. 5 Minuten knusprig frittieren und auf Küchenpapier abtropfen lassen. Die Hähnchenteile im Backofen auf ein Gitter legen und ca. 10 Minuten fertig garen.

Tipp: Die optimale Frittiertemperatur liegt bei 160–175 °C. Ob die richtige Temperatur erreicht ist, kann mittels eines Holzlöffelstiels festgestellt werden. Wird er ins aufgeheizte Fett gehalten und bilden sich daran Bläschen, ist das Fett heiß genug, um den Frittiervorgang zu starten.

Schnitzel mit Rösti

KÜRBIS UND LAUCHPESTO

Für 4 Portionen

Lauchpesto
1 kleine Stange Lauch
Salz
150 g Gruyère
1 Knoblauchzehe
50 g weiche Butter
Pfeffer

Kürbis
500 g Butternut-Kürbis
1 EL Öl
Salz, Pfeffer

Rösti
500 g vorwiegend
festkochende Kartoffeln
1 kleine Zwiebel
Salz, Pfeffer
Muskatnuss
2–3 EL Olivenöl

Schnitzel
8 kleine Kalbsschnitzel
Salz, Pfeffer
2 EL Pflanzenöl

Außerdem
100 g Gruyère

Für das Pesto den Lauch putzen, längs halbieren, waschen und in ca. 3 cm lange Stücke schneiden. In reichlich kochendem Salzwasser ca. 1 Minute garen. In kaltem Wasser abschrecken und auf einem Küchentuch abtropfen lassen.

Den Käse fein reiben. Den Knoblauch schälen. Den Lauch mit Butter und Knoblauch in einem Mixer grob pürieren. Den Käse unter die Masse heben und mit Salz und Pfeffer abschmecken.

Den Kürbis waschen, putzen, entkernen und in feine Spalten schneiden. In einer Pfanne mit etwas Öl bei nicht zu starker Temperatur ca. 8–10 Minuten braten. Mit Salz und Pfeffer würzen.

Für die Rösti die Kartoffeln schälen, auf einer Reibe fein reiben und ausdrücken. Die Zwiebel schälen, fein würfeln oder ebenfalls reiben und unter die Kartoffelmasse mischen. Kräftig mit Salz, Pfeffer und frisch geriebener Muskatnuss würzen.

Aus der Kartoffelmasse in einer Pfanne mit 1–2 EL Öl bei mittlerer Temperatur portionsweise 8 goldbraune Rösti braten. Gegebenenfalls das restliche Öl zugeben. Die fertigen Rösti auf Küchenpapier abtropfen lassen und warm halten.

Den Backofen auf 200 °C Umluft vorheizen. Die Kalbsschnitzel waschen, trocken tupfen und mit Salz und Pfeffer würzen. In heißem Öl in einer Pfanne auf jeder Seite ca. 1 Minute anbraten. Dann auf ein Backblech setzen.

Den Käse grob reiben. Jeweils ein Schnitzel auf ein Rösti legen und dick mit dem Lauchpesto bestreichen. Kürbisspalten darauf verteilen und mit Käse bestreuen. Im Ofen ca. 5–10 Minuten überbacken.

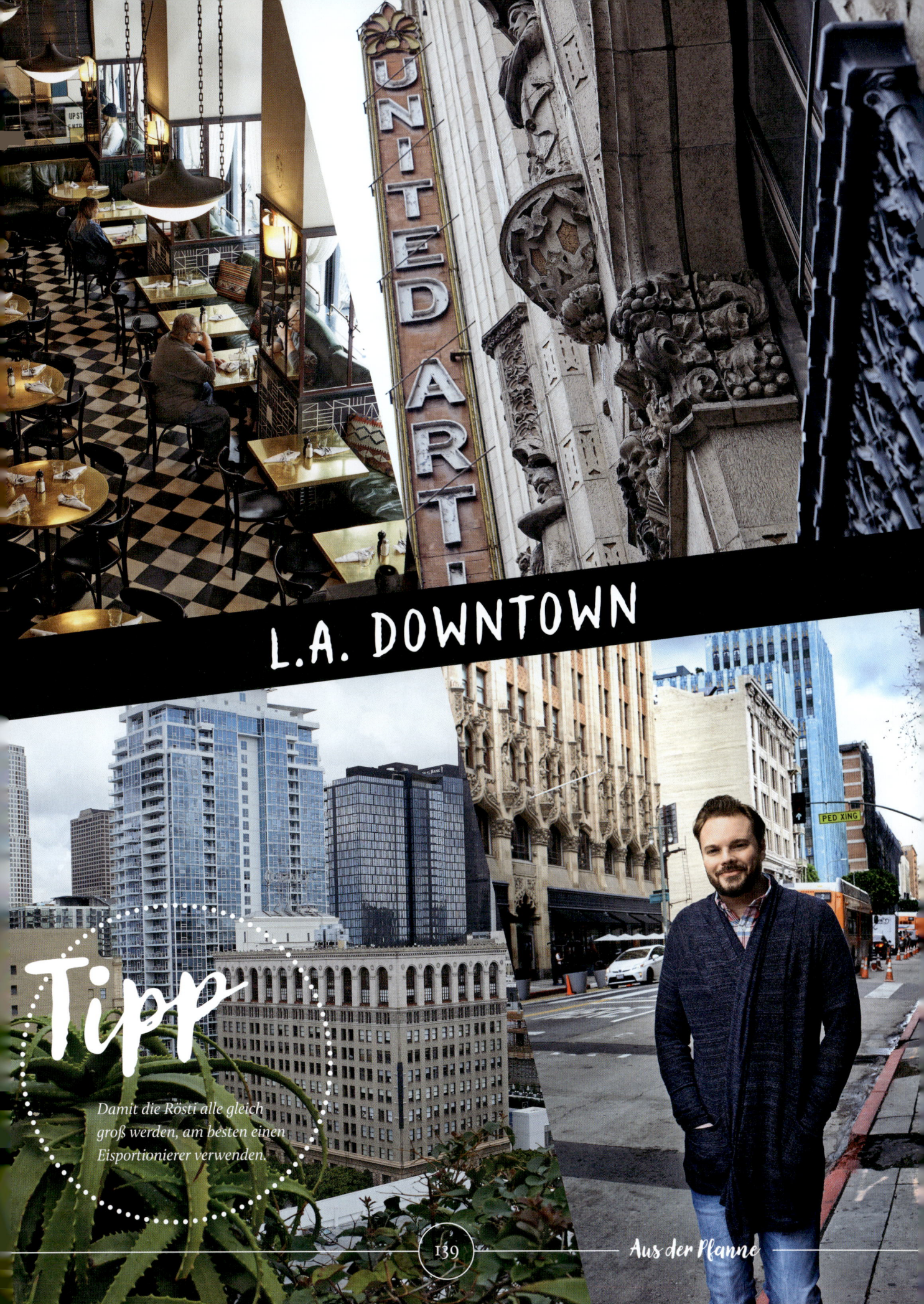

L.A. DOWNTOWN

Tipp

Damit die Rösti alle gleich groß werden, am besten einen Eisportionierer verwenden.

Aus der Pfanne

Seelachs
IM ZUCCHINIMANTEL

Für 4 Portionen
4 Seelachsfilets (à ca. 150 g)
1 Knoblauchzehe
2 EL Olivenöl
2 EL frisch gepresster
Zitronensaft
Salz, weißer Pfeffer
1 gelbe Zucchini
4 Zweige Thymian
1 unbehandelte Zitrone

Die Seelachsfilets waschen und trocken tupfen. Den Knoblauch schälen, fein hacken und mit Olivenöl und Zitronensaft vermischen. Die Fischfilets mit der Marinade bestreichen und mit Salz und Pfeffer würzen.

Die Zucchini putzen, waschen und der Länge nach mit dem Sparschäler oder einer Mandoline in dünne Scheiben hobeln.

Den Thymian waschen und trocken schütteln. Die Fischfilets mit je einem Zweig Thymian belegen und mit Zucchinischeiben umwickeln.

Anschließend die Filets in einer Grillpfanne ca. 6–8 Minuten rundum grillen.

Die Zitrone heiß abwaschen, trocken reiben und in Spalten schneiden. Die Fischfilets jeweils mit einer Zitronenspalte garnieren und servieren.

Cousins Maine Lobster
762 E. SLAUSON AVE
LOS ANGELES, CA 90011
1-855-855-4265

PALM SPRINGS
HOLLYWOOD IN DER WÜSTE

Ein Stück Hollywood, ver-
pflanzt in die kalifornische
Wüste. Im August herrschen
dort schon mal über 40 Grad im
Schatten. Aber in der Stadt mit ihrer
Mid-Century-Architektur war auch immer
Platz für Exzentrik.

Frank Sinatra hat seine eigene Straße, den
Frank Sinatra Drive; selbst von hier sieht man
die Windräder – zwischen Designhotels und hip-
pen Restaurants. Im Restaurant "Norma's" kommt
der Obstsalat in einem handgeschnitzten Melonen-
körbchen. Der French Toast ist ganze 6 Zentimeter
dick – es gibt zwei Stück pro Portion.

Nach all dem organic und vegan Food habe ich
Lust auf ein saftiges Steak bekommen
– Grass fed Rib Eye, medium. Ein
Geheimtipp auf einem Parkplatz
ist der Food Truck mit "Maine
Lobster Rolls" made in Los
Angeles. Die Schlange der
Wartenden ist sehr, sehr
lang, aber es lohnt sich.

Riesen Garnelen

"ON A STICK"

Für 4 Portionen
(Standzeit ca. 2 Stunden)

Garnelen
12 rohe Riesengarnelen
mit Schale

Marinade
1 rote Chilischote
60 g Ingwer
3 Stängel Koriander
3 EL Sojasauce, z. B. Tamari
2 EL Ahornsirup
2 EL Sesamöl
4 EL Olivenöl
Saft von 1 Zitrone
Salz, Pfeffer

Außerdem
12 Holzspieße

Die Garnelen aus der Schale brechen, dabei die Schale am Schwanzende dranlassen. Anschließend die Garnelen am Rücken entlang einschneiden und den Darm entfernen. Dann waschen, trocken tupfen und der Länge nach auf je einen Holzspieß stecken.

Für die Marinade die Chilischote putzen, waschen, entkernen und in feine Streifen schneiden. Den Ingwer schälen und fein würfeln. Den Koriander waschen, trocken schütteln und die Blättchen fein hacken.

Chili, Ingwer, Koriander, Sojasauce, Ahornsirup, die beiden Öle und den Zitronensaft miteinander verquirlen. Die Marinade mit Salz und Pfeffer würzen.

Die Garnelenspieße in einer großen Schale mit der Marinade übergießen und ca. 2 Stunden an einem kühlen Ort marinieren.

Zum Braten die Garnelen aus der Marinade nehmen, etwas abtropfen lassen und in einer heißen Pfanne rundum braten.

Mit der restlichen Marinade beträufeln und servieren.

Dazu passt frisches Baguette.

Panko

Panko ist ein japanisches Panier-mehl, dass aus Weißbrot ohne Kruste hergestellt wird. Es ist im Asialaden erhältlich. Falls man es dennoch nicht bekommt, kann man auch auf Semmelbrösel zurückgreifen.

Low Carb Burger

MIT SÜSSKARTOFFEL-CRANBERRY-GEMÜSE

Für 4 Portionen

Burger
1 Schalotte
1 Bund glatte Petersilie
8 Blätter Kopfsalat
400 g Rinderhackfleisch
50 g Panko
1 Eigelb
Salz, Pfeffer

Süßkartoffel-Cranberry-Gemüse
600 g Süßkartoffeln
4 Zweige Rosmarin
3 EL Olivenöl
Salz, Pfeffer
Currypulver
30 g Walnusskerne
3 EL Apfelessig
200 g Cranberrys

Für die Burger die Schalotte schälen und fein würfeln. Die Petersilie waschen, trocken schütteln und die Blättchen fein hacken. Die Kopfsalatblätter waschen, trocken tupfen und beiseitelegen.

Das Rinderhackfleisch mit Schalotte, Petersilie, Panko und dem Eigelb locker verkneten. Alles kräftig mit Salz und Pfeffer würzen. Aus der Hackmasse 8 kleine Burger Pattys formen und kalt stellen.

Den Backofen auf 200 °C Umluft vorheizen.
Für das Gemüse die Süßkartoffeln schälen und in ca. 3 cm große Stücke schneiden. Den Rosmarin waschen, trocken schütteln und die Nadeln abzupfen. Die Rosmarinnadeln grob hacken und mit den Süßkartoffeln, 2 EL Öl, Salz, Pfeffer und Currypulver vermischen. Die Süßkartoffelstücke auf ein mit Backpapier ausgelegtes Backblech geben und im Ofen ca. 25 Minuten backen.

Die Walnüsse grob hacken und in einer beschichteten Pfanne ohne Zugabe von Fett anrösten. Den Essig mit Salz und Pfeffer verrühren und die Walnüsse damit mischen.

Das restliche Öl in einer anderen Pfanne erhitzen und die Burger Pattys darin von beiden Seiten braten.

Die Süßkartoffeln aus dem Ofen nehmen und die Cranberrys untermischen, anschließend das Nuss-Dressing darüber verteilen.

Für die Burger jeweils 1 Kopfsalatblatt mit einem Burger Patty belegen und mit dem Süßkartoffel-Cranberry-Gemüse anrichten.

Aus der Pfanne

Smoothies

Matcha

Matcha ist fein zu Pulver vermahlener grüner Tee der Sorte Tencha.

Erhältlich ist er mittlerweile in gut sortierten Supermärkten und Teeläden. Man erkennt ihn an der leuchtend grünen Farbe.

Matcha
SMOOTHIE

Für 4 Gläser
20 g Ingwer
120 g Feldsalat
2 reife Bananen
2 Kiwi
1 Zitrone
600 ml gekühltes Wasser
4 g Bio-Matchapulver

Den Ingwer schälen. Den Feldsalat putzen, waschen und in einem Sieb abtropfen lassen.

Die Bananen schälen und halbieren. Die Kiwis schälen und ebenfalls halbieren. Von der Zitrone den Saft auspressen.

Anschließend zuerst den Feldsalat und Ingwer, dann die Früchte in einen Hochleistungsmixer geben. Zitronensaft, Wasser und Matchapulver zufügen und pürieren, bis eine sämige Konsistenz erreicht ist.

Den Smoothie in gekühlte Gläser füllen und sofort servieren.

Tipp: Statt Wasser können auch Eiswürfel verwendet werden.

Ananas Avocado

SMOOTHIE

Für 4 Gläser

Smoothie
1 Avocado
4 Basilikumspitzen
400 g Ananasfruchtfleisch
2 EL Limettensaft
4 EL Agavendicksaft
150 g griechischer Joghurt
6 Eiswürfel

Außerdem
1 EL Pistazienkerne ohne Schale
4 Ananaswürfel
4 Holzspieße

Die Avocado halbieren, entkernen und das Fruchtfleisch aus der Schale lösen. Das Basilikum waschen und trocken schütteln.

Das Avocadofruchtfleisch mit Basilikum, Ananas, Limettensaft, Agavendicksaft, Joghurt und Eiswürfeln in einem Standmixer pürieren.

Nach Belieben mit etwas Wasser verdünnen und auf 4 Gläser verteilen.

Die Pistazienkerne grob hacken und auf die Smoothies streuen. Die Ananasstücke aufspießen und die Smoothies damit garnieren. Sofort genießen.

blendtec®

36oz — 4 Cups

32oz

28oz — 3 Cups

24oz

20oz — 2 Cups

16oz

12oz — 1 Cup

8oz

4oz

JEDE MENGE VITAMINE

Energy Booster

Für 4 Gläser
160 g Romanasalat
2 Handvoll Feldsalat
300 g Seidentofu
500 ml Gemüsefond
4 EL Erdnussbutter

Die Salate putzen, Romana in Blätter zerteilen, waschen und trocken schleudern. Den Tofu grob zerkleinern.

Alle Zutaten in einen Hochleistungsmixer geben und zu einem sämigen Drink mixen.

In hohe Gläser füllen und sofort servieren.

Tipp: Außerhalb der Feldsalatsaison kann auch auf jungen Spinat zurückgegriffen werden.

Energy Shot

Für 4 Gläser

200 g rote Paprikaschote

250 g Mangofruchtfleisch

4 Orangen

4 EL Sonnenblumenkerne

200 ml gekühltes Wasser

Die Paprika putzen, waschen und entkernen. Das Mangofruchtfleisch in grobe Stücke schneiden.

Die Orangen auspressen.

Paprika, Mango und Sonnenblumenkerne mit dem Orangensaft und Wasser in einen Hochleistungsmixer geben und alles gut pürieren.

In Longdrinkgläser füllen und sofort servieren.

Tipp: Bei der Mango darauf achten, dass es sich um eine reife Frucht handelt. Hierzu mit dem Finger leicht auf die Schale drücken, gibt das Fruchtfleisch nach, dann hat sie den richtigen Reifegrad.

SCHMECKT SO GUT, WIE ES AUSSIEHT!

Sweets

Cookies
MIT PISTAZIEN UND ESPRESSO

Für ca. 30 Stück

100 g Vollmilchschokolade
75 g Zartbitterschokolade
200 g weiche Butter
2 Eier
100 g weißer Zucker
100 g brauner Zucker
200 g Weizenmehl
½ TL Weinsteinbackpulver
1 Prise Salz
1 EL Instant-Espressopulver
50 g gehackte Pistazien
80 g kernige Haferflocken

Den Backofen auf 180 °C Umluft vorheizen. Ein Backblech mit Backpapier auslegen.

Die Schokoladen grob hacken. Die Butter mit den Eiern mithilfe einer Küchenmaschine oder eines Handrührgeräts cremig aufschlagen.

Dann die übrigen Zutaten nach und nach dazugeben und alles zu einem glatten Teig verrühren.

Aus dem Teig mit einem Eisportionierer kleine Teigkugeln formen und mit etwas Abstand zueinander auf das Backblech setzen.

Die Cookies im Backofen ca. 10–12 Minuten backen, dann vom Blech nehmen und auf einem Kuchengitter auskühlen lassen.

Tipp: Sofern sie nicht gleich aufgegessen werden, können die Cookies in einer Blechdose aufbewahrt werden.

Sugar Cookies

Für ca. 30 Stück
(Standzeit mind. 1 Stunde)

350 g weiche Butter
450 g Rohrzucker
4 Eier
1 TL Vanilleextrakt
600 g Weizenmehl
2 TL Weinsteinbackpulver
1 TL Salz

Außerdem
Weizenmehl zum Bearbeiten
Zuckerguss und Zuckerdekor,
nach Belieben

Mithilfe einer Küchenmaschine oder eines Handrührgeräts die Butter mit dem Zucker verrühren. Nach und nach die Eier sowie den Vanilleextrakt zugeben und cremig rühren.

Das Mehl mit Backpulver und Salz mischen und in 3 Portionen in die Creme sieben. Alles zu einem glatten Teig verarbeiten. Diesen zu einer Kugel formen, in Frischhaltefolie wickeln und mindestens 1 Stunde, aber am besten über Nacht, im Kühlschrank ruhen lassen.

Den Backofen auf 190 °C Umluft vorheizen. Ein Backblech mit Backpapier auslegen.

Den Teig auf einer leicht bemehlten Arbeitsfläche ca. ½ cm dick ausrollen. Mithilfe eines Ausstechers Kekse in der gewünschten Form ausstechen und mit etwas Abstand zueinander auf das Backblech setzen.

Die Kekse ca. 6–8 Minuten im Ofen backen, vom Blech nehmen und auf einem Kuchengitter vollständig auskühlen lassen.

Nach Belieben mit Zuckerguss oder Zuckerdekor verzieren.

Tipp: Die Kekse schmecken das ganze Jahr über. Einfach je nach Jahreszeit die Dekoration entsprechend anpassen.

Sweets

SANTA BARBARA
FISH MARKET

Power Riegel

Für ca. 40 Stück
(Standzeit ca. 30 Minuten)

250 g Haferflocken
50 g Haselnüsse
50 g Cashewkerne
75 g Sonnenblumenkerne
2 EL Chiasamen
75 g Leinsamen
75 g Rosinen
14 Datteln
2 Bananen
100 ml Ahornsirup
5 EL Erdnussbutter crunchy
2 EL Kakaopulver
1 TL Vanilleextrakt
Zimtpulver
Kurkumapulver
Salz

Den Backofen auf 150 °C Umluft vorheizen. Ein Backblech mit Backpapier auslegen.

Die Haferflocken auf dem Blech verteilen und im Ofen ca. 10 Minuten rösten. Dann herausnehmen und abkühlen lassen. Den Backofen nicht ausschalten.

Inzwischen die Nüsse und Cashewkerne fein hacken. Die Haferflocken mit Nüssen, Kernen, Samen und Rosinen in einer großen Schüssel vermischen.

Die Datteln entkernen und fein hacken, bis eine klebrige Paste entsteht. Die Bananen schälen und mit einer Gabel zerdrücken. Das Bananenmus mit der Dattelpaste vermengen.

Ahornsirup, Erdnussbutter, Kakaopulver, Vanille sowie je 1 Prise Zimt, Kurkuma und Salz in einem kleinen Topf bei geringer Temperatur erwärmen. Zusammen mit der Dattelmischung zu den Haferflocken geben und alles zu einer groben Masse verkneten.

Die Masse gleichmäßig auf das Backblech streichen und im Backofen ca. 15 Minuten backen. Danach mindestens 30 Minuten abkühlen lassen und in ca. 4–5 cm breite Riegel schneiden.

Tipp: Die Powerriegel können sehr gut einige Tage im Kühlschrank aufbewahrt werden.

Erdbeer Donuts

VEGAN

**Für ca. 20 Stück
(Standzeit ca. 2 Stunden)**

125 ml Mandeldrink
½ Würfel Hefe
250 g Weizenmehl
Salz
50 g Zucker
60 g Margarine
Zesten von 1 unbehandelten
Zitrone
Weizenmehl zum Bearbeiten
Pflanzenöl zum Frittieren
100 g Erdbeerkonfitüre
Puderzucker zum Bestäuben,
nach Belieben

Den Mandeldrink in einem Topf erwärmen und die Hefe darin auflösen. Mehl, 1 Prise Salz und Zucker in einer Schüssel mischen und eine Mulde formen. Die Hefemischung in die Mulde gießen und mit etwas Mehl bestäuben. Ca. 15 Minuten gehen lassen.

Die Margarine und Zitronenzesten zum Teig geben und alles mithilfe einer Küchenmaschine oder eines Handrührgeräts verkneten. Den Teig abgedeckt an einem warmen Ort mindestens 1 Stunde gehen lassen.

Den Hefeteig auf einer leicht bemehlten Arbeitsfläche nochmals kurz durchkneten und ausrollen. Aus dem Hefeteig mithilfe von runden Ausstechern 20 Donuts stechen, diese mit lauwarmem Wasser bepinseln und weitere 45 Minuten auf doppelte Größe gehen lassen.

Das Öl in einem hohen Topf zum Frittieren erhitzen. Die Donuts portionsweise ins heiße Öl geben. Sie sollten zum Aufgehen noch genug Platz haben.

Die Donuts erst von der einen Seite ca. 1–2 Minuten ausbacken, dann mithilfe einer Schaumkelle umdrehen und auf der anderen Seite in 1–2 Minuten goldbraun fertig frittieren.

Die fertigen Donuts aus dem Fett heben und auf Küchenpapier abtropfen lassen.

Die Konfitüre in einen Spritzbeutel mit langer Tülle füllen und die Donuts damit füllen. Zum Servieren nach Belieben mit Puderzucker bestäuben.

Tipp

Das Pflanzenöl muss während des Frittierens ausreichend heiß sein, denn kühlt es zwischenzeitlich zu sehr ab, saugen die Donuts zu viel Fett auf. Deshalb die Donuts nach und nach frittieren und zwischenzeitlich das Öl immer mal wieder aufheizen.

Zitronen Tiramisu

Für 4 Portionen
(Standzeit ca. 30 Minuten)

200 g Mascarpone
70 g Puderzucker
Zesten von 2 unbehandelten
Zitronen
4 EL Zitronensaft
200 ml Sahne
1 Packung Löffelbiskuits
4 EL Zitronenlikör

Außerdem
4 Longdrinkgläser
4 Minzespitzen, nach Belieben
8 Zitronenfilets, nach Belieben

Den Mascarpone und den Puderzucker mithilfe eines Handrühr-geräts zu einer cremigen Masse verrühren. Dann die Zitronen-zesten und den Zitronensaft unterrühren.

Die Sahne steif schlagen und unter die Mascarponemasse heben.

Einige Löffelbiskuits zerbröseln und den Boden der Gläser damit bedecken. Mit etwas Zitronenlikör beträufeln. Die übrigen Biskuits ebenfalls mit etwas Likör beträufeln und damit die Glasränder auskleiden.

Die Mascarponecreme gleichmäßig in die Gläser verteilen und die Tiramisu mindestens 30 Minuten kühl stellen.

Vor dem Servieren nach Belieben mit Minze und Zitronenfilets garnieren.

Cheesecake Mango
"TO GO"

Für 4 Portionen

Teig
2 Eier
2 EL Zucker
Salz
25 g Weizenmehl
40 g gemahlene Mandeln

Belag
1 reife Mango
1 EL brauner Zucker
1 EL weißer Rum
2 EL Limettensaft
200 g Naturfrischkäse
200 g Magerquark
Mark von 1 Vanilleschote
2 EL Puderzucker
150 ml Sahne

Außerdem
4 Gläser mit Schraubverschluss

Den Backofen auf 200 °C Umluft vorheizen. Ein Backblech mit Backpapier auslegen.

Für den Teig die Eier, Zucker und 1 Prise Salz mithilfe einer Küchenmaschine oder eines Handrührgeräts ca. 10 Minuten hellcremig aufschlagen. Das Mehl sieben und mit den Mandeln vermischen, dann unter die Ei-Zucker-Masse heben.

Den Teig gleichmäßig auf das Backblech streichen und im Ofen ca. 10 Minuten backen. Herausnehmen, auf ein Gitter stellen und komplett auskühlen lassen.

Für den Belag die Mango schälen und das Fruchtfleisch vom Stein schneiden. Das Fruchtfleisch würfeln und mit Zucker, Rum und Limettensaft mischen.

Den Frischkäse mit Quark, Vanillemark und Puderzucker cremig rühren. Die Sahne steif schlagen und unterheben.

Den Kuchen in kleine Teile brechen und jeweils einige Stücke auf die Gläser verteilen. Darauf etwas von der Mango geben und mit etwa einem Drittel der Frischkäsecreme bedecken. Nun wieder mit Kuchenstücken belegen und so fortfahren, bis alle Zutaten eingeschichtet sind. Mit Mangostücken abschließen.

Die Gläser mit dem Deckel verschließen und den Kuchen bis zum Verzehr im Kühlschrank aufbewahren.

Sweets

Pfirsich Granité

**Für 4 Portionen
(Standzeit ca. 8 Stunden)**

300 g Pfirsiche
60 g Rohrohrzucker
150 ml Wasser
200 ml Champagner Rosé
4 EL Pfirsichlikör

Eine flache Auflaufform in das Tiefkühlfach stellen.

Inzwischen die Pfirsiche waschen, halbieren und den Stein entfernen. Die Pfirsichhälften in grobe Stücke schneiden.

Den Zucker mit dem Wasser in einem Topf aufkochen und bei geringer Temperatur ca. 2–3 Minuten unter Rühren köcheln lassen, bis sich der Zucker vollständig aufgelöst hat. Die Pfirsichstücke in den Zuckersirup legen und ca. 3–4 Minuten garen. Im Sud pürieren.

Das Pfirsichpüree durch ein feines Sieb passieren und vollständig auskühlen lassen. Anschließend mit Champagner und Likör verrühren.

Die Masse in die vorgekühlte Form gießen und zurück in das Tiefkühlfach stellen.

Nach 2 Stunden mit einer Gabel grob durchrühren. Diesen Vorgang im Abstand von 30 Minuten noch 3–4 Mal wiederholen. Die Masse mindestens 8 Stunden gefrieren.

Zum Servieren das Pfirsich-Granité mit einem Löffel in Gläser oder Schalen portionieren.

Mango Chia

POPSICLES

**Für ca. 6 Popsicles
(Standzeit ca. 4 Stunden)**

150 g Mangofruchtfleisch
250 ml Reisdrink
1–2 EL Agavendicksaft
2 EL Chia-Samen

Außerdem
6 Eisstiele

Das Mangofruchtfleisch im Mixer pürieren. Reisdrink und Agavendicksaft dazugeben und ca. 1–2 Minuten cremig rühren.

Die Chia-Samen unterheben und die Masse abgedeckt im Kühlschrank ca. 2 Stunden quellen lassen.

Die Mangomischung in Eisformen füllen, den Eisstiel platzieren und im Tiefkühlschrank mindestens 2 Stunden gefrieren lassen, bis die gewünschte Konsistenz erreicht ist.

Das Eis am Stiel aus den Formen lösen und genießen.

Tipp: Das Rezept lässt sich natürlich auch ohne Eisform zubereiten. Dazu das Eis in einer Eismaschine zubereiten oder aber in eine Schüssel füllen und während des Gefrierens immer mal wieder durchrühren, damit die Eiskristalle nicht zu groß werden.

DAS RICHTIGE TOPPING MACHT
DEN FROZEN YOGURT PERFEKT

Frozen Yogurt

**Für 6 Portionen
(Standzeit ca. 5 Stunden)**

800 g Naturjoghurt
120 g weißer Rohrzucker
1 EL Bourbonvanillezucker
Salz
diverse Toppings, z. B.
Kokoschips, Mini-Marshmallows

400 g Joghurt in Eiswürfelformen gießen und etwa 4 Stunden tief-
kühlen. Die Joghurtwürfel aus den Formen lösen.

Den restlichen Joghurt mit 80 g Zucker, Vanillezucker und 1 Prise
Salz in einem Hochleistungsmixer glatt rühren.

Die gefrorenen Joghurtwürfel nach und nach in den Mixer geben
und mixen, bis sich alle aufgelöst haben und eine homogene
Creme entstanden ist.

4 Portionsschalen in den Tiefkühler stellen.

Die Creme in eine Metallschüssel füllen und etwa 1 Stunde unter
gelegentlichem Rühren gefrieren oder kurz in die Eismaschine
geben, bis sie etwas angefroren ist.

Zum Servieren die Schalen aus dem Gefrierfach nehmen, den
Frozen Yogurt einfüllen und nach Belieben mit Toppings garnieren.

Mandarinen Muffins

Für 12 Stück

4 unbehandelte Mandarinen
150 g weiche Butter
150 g Zucker
1 EL Bourbonvanillezucker
3–4 Tropfen Bittermandelaroma
2 Eier
150 g Weizenmehl
2 TL Weinsteinbackpulver
½ TL Backnatron
Salz
70 g gemahlene Mandeln
200 ml Sahne

Außerdem

24 Papierbackförmchen

Den Backofen auf 160 °C Umluft vorheizen. Jeweils 2 Papierförmchen ineinander gestellt in den Mulden eines Muffinblechs verteilen.

Eine der Mandarinen heiß waschen und trocken reiben. Die Schale mit einem Zestenreißer abschälen und für die Garnitur beiseitestellen. Alle Früchte auspressen und 150 ml Saft abmessen.

Butter, Zucker, Vanillezucker und Bittermandelaroma mithilfe einer Küchenmaschine oder eines Handrührgeräts hellcremig aufschlagen. Dann die Eier einzeln unterrühren.

Mehl, Backpulver, Natron und 1 Prise Salz vermengen und sieben. Die Mandeln untermischen. Im Wechsel mit dem Mandarinensaft unter die Ei-Butter-Masse rühren.

Den Teig mithilfe eines Eisportionierers gleichmäßig auf die Förmchen verteilen und ca. 25 Minuten im Ofen backen.

Die Muffins aus dem Ofen und dem Blech nehmen und auf einem Gitter vollständig auskühlen lassen.

Die Sahne steif schlagen. Die ausgekühlten Muffins jeweils mit einer Sahnehaube und den beiseitegestellten Mandarinenzesten garnieren und servieren.

MONTECITO
SAN YSIDRO RANCH

Matcha Walnuss

MUFFINS

Für 6 Stück
50 g Bananenfruchtfleisch
40 g Zartbitterschokolade
50 g Walnüsse
75 g Natur-Sojajoghurt
60 g Rohrohrzucker
40 ml Traubenkernöl
Zitronensaft
125 g Weizenmehl
1 TL Weinsteinbackpulver
½ TL Natron
100 ml Kokosdrink
4 g Bio-Matcha-Pulver
Mineralwasser, nach Bedarf

Außerdem
Papierbackförmchen
Puderzucker zum Bestäuben

Den Backofen auf 160 °C Umluft vorheizen. Die Mulden eines 6er-Muffinblechs mit Papierförmchen auskleiden.

Das Bananenfruchtfleisch mit einer Gabel zerdrücken. Die Schokolade und die Walnüsse fein hacken.

Sojajoghurt und Zucker mithilfe eines Handrührgeräts cremig rühren, dann das Öl, Bananenpüree und etwas Zitronensaft zugeben. Das Mehl mit dem Backpulver und Natron vermischen, dazusieben und unterrühren.

Kokosdrink, Schokolade, Walnüsse und Matcha-Pulver hinzufügen und alles zu einem glatten Teig rühren. Falls der Teig zu fest ist, mit einem Schuss Mineralwasser auflockern.

Den Teig mithilfe eines Eisportionierers gleichmäßig in die Papierförmchen füllen und die Muffins ca. 20 Minuten im Backofen backen.

Die Muffins aus dem Ofen und dem Blech nehmen und auf einem Gitter vollständig auskühlen lassen.

Vor dem Servieren mit Puderzucker bestäuben.

Pumpkin Pie

MIT BAISER

Für 12 Stück

Pumpkin Pie
450 g Rohrohrzucker
250 ml Pflanzenöl
450 g Kürbisfruchtfleisch
1 TL Vanilleextrakt
4 Eier
250 g Weizenmehl
3 TL Weinsteinbackpulver
2 TL Natron
½ TL Salz
2 TL Zimtpulver
120 g gehackte Walnüsse

Baiser
3 Eiweiß
2 EL Zucker

Außerdem
Fett und Weizenmehl
für die Form

Den Ofen auf 175 °C Umluft vorheizen. Eine Kuchenform mit hohem Rand einfetten und mit etwas Mehl ausstäuben.

Den Zucker und das Öl mithilfe einer Küchenmaschine oder eines Handrührgeräts cremig schlagen. Das Kürbisfruchtfleisch im Mixer pürieren und mit dem Vanilleextrakt unter die Creme mischen.

Anschließend nacheinander die Eier unter die Masse rühren.

Mehl, Backpulver, Natron, Salz und Zimt mischen und zügig unterarbeiten. Zum Schluss die Nüsse unter den Teig heben.

Den Teig in die vorbereitete Form füllen und im Ofen etwa 30 Minuten backen, bis die Masse fest ist. Den Pie aus dem Ofen nehmen, aus der Form lösen und auf einem Gitter vollständig auskühlen lassen.

Für das Baiser die Eiweiße in einer Schüssel mithilfe einer Küchenmaschine oder eines Handrührgeräts mit etwas Zucker zu glänzendem Eischnee aufschlagen.

Die Masse wellenförmig auf den Pumpkin Pie streichen, sodass er vollständig damit bedeckt ist. Mit einem Bunsenbrenner das Baiser abflämmen.

PATISSERIE "LADY M"

KUNSTINSTALLATION MIRROR HOUSE
PALM DESERT

Blondies

MIT PARANUSS UND TOFFEE

Für ca. 24 Stück

Teig
150 g Paranusskerne
150 g weiße Schokolade
100 g Butter
50 g Weizenmehl
1 TL Weinsteinbackpulver
Salz
75 g gemahlene Mandeln
4 Eier
80 g Zucker

Toffee-Creme
180 g Zucker
60 g Butter
2 TL Fleur de Sel
250 g Crème fraîche

Außerdem
Fett für die Form
50 g Paranusskerne
25 g weiße Schokolade
zum Garnieren

Den Backofen auf 160 °C Umluft vorheizen. Eine Brownie- oder rechteckige Kuchenform fetten.

Für den Teig die Paranüsse in einer beschichteten Pfanne leicht anrösten, dann komplett auskühlen lassen. Die Nüsse grob hacken.

Die Schokolade hacken und mit der Butter in einem heißen Wasserbad schmelzen.

Das Mehl, Backpulver und 1 Prise Salz mischen und sieben. Dann die Mandeln zugeben. Die Eier und den Zucker mithilfe einer Küchenmaschine oder eines Handrührgeräts ca. 2 Minuten schaumig schlagen.

Die Schokolade unter die Eimasse rühren, die Mehlmischung zufügen und zum Schluss die gehackten Nüsse unterheben.

Den Teig in die Form streichen und ca. 25–30 Minuten backen. Aus dem Ofen nehmen und auskühlen lassen.

Inzwischen für die Toffee-Creme den Zucker in einem Topf unter Rühren karamellisieren und dann vom Herd nehmen. Die Butter in Stückchen in das Karamell rühren. Fleur de Sel und die Crème fraîche untermischen und alles ca. 5 Minuten leise köcheln. Die Toffee-Creme leicht abgekühlt auf dem Kuchen verteilen und fest werden lassen.

Die Paranüsse und weiße Schokolade fein hacken und auf dem Kuchen verteilen. In Stücke schneiden und servieren.

Avocado Brownies

Für ca. 18 Brownies

Brownies
350 g Zartbitterschokolade
2 reife Avocados
100 g Magerquark
3 Eier
200 g Rohrohrzucker
Mark von 1 Vanilleschote
100 g Weizenmehl
30 g Kakaopulver
1 TL Weinsteinbackpulver
Salz
3 EL Kürbiskernöl

Icing
1 große reife Avocado
300 g Puderzucker

Außerdem
Fett für die Form

Den Backofen auf 160 °C Umluft vorheizen. Ein Backblech oder eine Auflaufform einfetten.

Von der Schokolade 250 g in einem Wasserbad schmelzen. Die restliche Schokolade grob hacken. Die Avocados halbieren, den Kern entfernen und das Fruchtfleisch mit einem Löffel von der Schale lösen. Zusammen mit dem Quark pürieren.

Die Eier mit Zucker und Vanillemark mithilfe einer Küchenmaschine oder eines Handrührgeräts schaumig aufschlagen. Die geschmolzene Schokolade mit dem Avocadopüree unter die Eimasse heben.

Mehl, Kakao-, Backpulver und 1 Prise Salz darüber sieben und kurz unterrühren. Zum Schluss das Öl und die gehackte Schokolade unter die Teigmasse mischen.

Den Teig auf das Backblech geben oder in die Form füllen und glatt streichen. Im Backofen ca. 30 Minuten backen. Danach vollständig auskühlen lassen und in Stücke schneiden.

Für das Icing die Avocado schälen und den Kern entfernen. Das Avocadofruchtfleisch mit dem Puderzucker fein pürieren. Das Icing auf die Brownies streichen und sofort servieren.

Erdbeer Torte

MIT WEISSER SCHOKOLADE

Für 8 Stück
(Standzeit über Nacht)

Füllung
100 g weiße Kuvertüre
400 ml Sahne
300 g Erdbeeren

Teig
4 Eier
125 g Zucker
1 Päckchen
Bourbonvanillezucker
1 EL Zitronensaft
120 g Weizenmehl
1 EL Speisestärke
Salz

Außerdem
Fett für die Form
Puderzucker zum Bestäuben

Die Kuvertüre hacken. Die Sahne in einem Topf aufkochen, dann vom Herd nehmen und die Kuvertüre darin unter Rühren auflösen. Die Masse gut abgedeckt über Nacht ruhen lassen.

Den Backofen auf 170 °C Umluft vorheizen. Den Boden einer Springform (Ø 20 cm) fetten und mit Backpapier auslegen.

Für den Teig die Eier trennen. Die Eiweiße mit dem Zucker, Vanillezucker und Zitronensaft zu einer glänzenden Masse aufschlagen. Die Eigelbe mit einem Schneebesen unterheben. Dann das Mehl, Speisestärke und 1 Prise Salz darüber sieben und alles zügig unterheben. Die Masse in die Springform füllen und im Ofen ca. 40 Minuten backen. Falls der Biskuit zu schnell braun wird, mit Backpapier abdecken.

Den Tortenboden aus der Form lösen und auf einem Gitter vollständig auskühlen lassen. Anschließend mit einem Messer oder festem Faden zweimal waagerecht durchschneiden, sodass insgesamt drei Böden entstehen.

Die Erdbeeren waschen, putzen und die Hälfte in Scheiben schneiden. Die restlichen nach Belieben ganz lassen oder kleiner schneiden. Die Schokosahne mithilfe einer Küchenmaschine oder eines Handrührgeräts aufschlagen, sodass eine glänzende Creme entsteht.

Den unteren Tortenboden auf eine Platte setzen, mit etwa einem Drittel der Sahne bestreichen und mit Erdbeerscheiben belegen.

Den zweiten Boden drauflegen, ebenfalls mit Sahne bestreichen und mit den restlichen Erdbeerscheiben belegen. Den dritten Boden draufsetzen und mit der restlichen Sahne bestreichen. Mit den restlichen Erdbeeren belegen. Die Torte vor dem Servieren mit Puderzucker bestäuben.

Red Velvet Torte

Für 6 Portionen
(Standzeit ca. 1 Stunde)

Crêpes
650 ml Milch
250 g Weizenmehl
4 Eier
75 g Kokosblütenzucker
2 EL Kakaopulver
3 EL rote Lebensmittelfarbe
60 ml Traubenkernöl
2 EL Butter

Creme
400 g Naturfrischkäse
100 g weiche Butter
Salz
400 g Puderzucker
1 TL Vanilleextrakt

Außerdem
Puderzucker zum Bestäuben

Für die Crêpes aus Milch, Mehl, Eiern, Zucker, Kakao, Lebensmittelfarbe und dem Traubenkernöl mithilfe einer Küchenmaschine oder eines Handrührgeräts einen glatten Teig rühren und abgedeckt mindestens 30 Minuten ruhen lassen.

Anschließend in etwas heißer Butter in einer beschichteten Pfanne nacheinander dünne Crêpes ausbacken. Gut auskühlen lassen.

Inzwischen für die Creme den Frischkäse mit der Butter und 1 Prise Salz in einem Mixer oder mit dem Handrührgerät glatt rühren.

Den Puderzucker darüber sieben, den Vanilleextrakt zugeben und die Masse schaumig aufschlagen.

Für die Crêpes-Torte einen Crêpe auf einen Teller oder eine Platte legen. Mit einer Palette dünn etwas Creme aufstreichen. Den nächsten Crêpe auflegen und wieder mit Creme bestreichen. So lange fortfahren, bis die Creme aufgebraucht ist. Mit einem Crêpe abschließen.

Die Torte mindestens 30 Minuten im Kühlschrank kühl stellen. Vor dem Servieren großzügig mit Puderzucker bestäuben.

WELCOME
TO
THE COOK
GARDEN

BY HGEL

Come In
we're
OPEN

BUNTE GARTENVIELFALT IN KALIFORNIEN

Sweets

Carrot Cake

Für 16 Stück

600 g Karotten
50 g Marzipanrohmasse
1 unbehandelte Orange
6 Eier
Salz
1 TL Zitronensaft
125 g Zucker
2 EL heißes Wasser
80 g Dinkelmehl
3 TL Weinsteinbackpulver
½ TL Zimtpulver
300 g gemahlene Haselnüsse
400 g Naturfrischkäse
Mark von 1 Vanilleschote
100 g Puderzucker
25 g gehackte Pistazien
16 Marzipankarotten

Den Backofen auf 160 °C Umluft vorheizen. Den Boden einer Springform (Ø 26 cm) mit Backpapier auslegen.

Die Karotten putzen, schälen und auf einer Reibe fein raspeln. Die Raspel auf Küchenpapier geben, etwas ausbreiten und trocken tupfen. Das Marzipan ebenfalls fein raspeln. Die Orange heiß abwaschen, trocknen und von einer Hälfte die Zesten abziehen, den Saft auspressen. Die Eier trennen.

Die Eiweiße mit 1 Prise Salz und dem Zitronensaft mithilfe einer Küchenmaschine oder eines Handrührgeräts verrühren. 75 g Zucker nach und nach einrieseln lassen und die Eiweiße steif schlagen. Achtung, jedoch nicht überschlagen!

Die Eigelbe mit dem heißen Wasser mithilfe der Küchenmaschine oder des Handrührgeräts aufschlagen, nach und nach den übrigen Zucker einrieseln lassen und die Marzipanraspel zugeben. Die Eigelbmasse dick cremig aufschlagen, sodass sie eine weißliche Farbe bekommt. Dann zunächst ein Drittel des Eischnees zügig unterheben, damit die Masse auflockert, und dann den Rest vorsichtig dazugeben.

Das Mehl mit Backpulver sieben und mit Zimt, 1 Prise Salz, Nüssen und Orangenzesten mischen. Alles vorsichtig unter die Teigmasse heben. Zum Schluss die abgetropften Karotten unterziehen.

Den Teig in die vorbereitete Springform verteilen und glatt streichen. Im Backofen auf dem Rost im unteren Drittel ca. 40–45 Minuten backen. Den fertigen Kuchen herausnehmen, auf ein

SO EINFACH – UND EINFACH LECKER!

Kuchengitter stellen, aus der Form lösen und vollständig auskühlen lassen.

Für die Füllung Frischkäse, Orangensaft, Vanillemark und Puderzucker cremig verrühren. Den Kuchen waagerecht halbieren. Den unteren Boden mit der Hälfte der Creme bestreichen. Dann den oberen Boden auflegen und mit der restlichen Creme bestreichen. Zur Dekoration mithilfe eines Löffels kleine "Furchen" ziehen. Diese mit den Pistazien bestreuen und mit den Marzipankarotten garnieren.

Tipp: Den Kuchen vor dem Verzehr einige Zeit durchziehen lassen.

Café Gratitude

Moon Juice

Carrot, Lime & Coconut

VENICE BEACH & SANTA MONICA

WARNING
DO NOT

Strand. Sonne. Meer. Die Steigerung heißt Venice Beach. Kalifornisches Lebensgefühl pur. Am Strand schauen wer vorbeikommt. Surfen im Pazifik. Neben dem berühmten Santa Monica Pier in einem der Cafés oder einer Bar sitzen. Das gibt es nur in Kalifornien, ein Café, das Dankbarkeit heißt. Das "Café Gratitude" ist das wohl bekannteste Rohkost-Café und absoluter Inspot. Rohkost-Torten, -Kuchen, -Desserts. Juices, roh-vegane Shakes. Frühstück ohne Organic-Spirit ist undenkbar. Die Gerichte tragen Namen wie "Humble" (bescheiden), "Grateful" (dankbar), "Vivacious" (lebendig). Mantras einer spirituellen Küche.

Buchweizen Kuchen

MIT JOHANNISBEEREN, VEGAN

Für ca. 15 Stück

500 g Rote Johannisbeeren
3 TL Ei-Ersatzpulver
100 ml Wasser
200 g Margarine
100 g Rohrzucker
100 ml Rosensirup
Salz
Zesten und Saft von
1 unbehandelte Zitrone
2 EL Mandelmus
200 g Weizenmehl
200 g Buchweizenmehl
2 TL Weinsteinbackpulver
1 EL Speisestärke
70 ml Reisdrink
150 g Puderzucker

Den Backofen auf 160 °C Umluft vorheizen. Ein tiefes Backblech mit Backpapier auslegen.

Die Johannisbeeren verlesen, waschen, abtropfen lassen und von den Rispen streifen.

Das Ei-Ersatzpulver mit dem Wasser verrühren.

Die Margarine mit Zucker und Sirup cremig rühren. 1 Prise Salz, die Hälfte des Zitronensafts, Zitronenzesten sowie Mandelmus unterrühren. Nach und nach den Ei-Ersatz zufügen.

Die beiden Mehlsorten mit Backpulver sowie der Stärke sieben und abwechselnd mit dem Reisdrink unter die Masse rühren, bis ein geschmeidiger Teig entstanden ist. Ein Drittel der Beeren vorsichtig unterheben.

Den Teig auf das Backblech streichen und etwa 45 Minuten im Backofen backen. Anschließend herausnehmen und abkühlen lassen.

Den restlichen Zitronensaft nach und nach mit dem Puderzucker verrühren, bis ein dickflüssiger Guss entstanden ist. Auf den Kuchen streichen und die übrigen Johannisbeeren aufstreuen. Vor dem Servieren den Guss vollständig trocknen lassen.

Lemon Bars

Für ca. 30 Stück

Teig
225 g weiche Butter
100 g Zucker
250 g Weizenmehl

Zitronenmasse
300 g Zucker
30 g Weizenmehl
4 Eier
Saft von 2 Zitronen

Außerdem
Fett für die Form
Puderzucker zum Bestäuben
unbehandelte Zitronenzesten
zum Dekorieren

Den Backofen auf 160 °C Umluft vorheizen. Eine Backform (22 x 32 cm) einfetten.

Für den Teig die Butter mit dem Zucker mithilfe eines Handrührgeräts schaumig aufschlagen, nach und nach das gesiebte Mehl unterkneten.

Den Teig als Boden in die Form drücken und auf dem Rost im Backofen ca. 15–20 Minuten vorbacken. Dann herausnehmen und gut auskühlen lassen.

Den Backofen nicht ausschalten!

Für die Zitronenmasse den Zucker und das Mehl mischen. Die Eier mit dem Zitronensaft verrühren. Die Zucker-Mehl-Mischung nach und nach unter die Zitronen-Ei-Masse rühren. Dann gleichmäßig auf dem Teigboden verstreichen.

Den Kuchen weitere 20 Minuten hell backen. Herausnehmen und in der Form auf einem Kuchengitter auskühlen lassen. Dabei wird er fest.

Den ausgekühlten Zitronenkuchen in "Bars" (Schnitten) in beliebiger Größe schneiden. Vor dem Servieren mit Puderzucker bestäuben und mit Zitronenzesten dekorieren.

Orangen Tarte

MIT RICOTTA

Für 12 Stück
(Standzeit ca. 30 Minuten)

Teig
175 g Weizenmehl
60 g Puderzucker
125 g kalte Butter
1 Eigelb
Salz

Belag
250 g Ricotta
1 Ei
60 g Zucker
1 Päckchen
Bourbonvanillezucker
20 g Speisestärke
50 g flüssige Butter
2 Orangen

Außerdem
Fett für die Form
Weizenmehl zum Bearbeiten
Backerbsen zum Blindbacken
Puderzucker zum Bestäuben

Für den Teig das Mehl, den Puderzucker, die kalte Butter, das Eigelb und 1 Prise Salz mithilfe einer Küchenmaschine oder eines Handrührgeräts zügig zu einem glatten Teig verkneten. Den Teig zu einer Kugel formen und in Frischhaltefolie wickeln. Im Kühlschrank ca. 30 Minuten ruhen lassen.

Für den Belag den Ricotta mit Ei, Zucker, Vanillezucker und Stärke mischen. Die Butter zum Schluss dazugeben und alles zu einer glatten Creme verrühren. Bis zum Gebrauch kalt stellen.

Die Orangen heiß abwaschen und trocken reiben. Schälen und dabei die weiße Haut mit entfernen. Anschließend die Orangen in Scheiben schneiden.

Den Backofen auf 170 °C Umluft vorheizen. Eine Tarteform (Ø 35 x 11 cm) einfetten.

Den Teig auf einer leicht bemehlten Arbeitsfläche etwas größer als die Tarteform rechteckig ausrollen und so in die Tarteform legen, dass auch der Rand bedeckt ist. Ein Stück Backpapier zusammenknüllen, wieder auseinanderfalten und auf den Teig legen. Mit den Backerbsen beschweren und ca. 15 Minuten vorbacken.

Backpapier und Backerbsen entfernen und den Teig für weitere 3–4 Minuten backen. Die Ricottamasse auf dem Tarteboden verteilen, mit den Orangenscheiben belegen und im Ofen ca. 35 Minuten fertig backen.

Die Tarte aus dem Ofen nehmen, aus der Form lösen und auf einem Kuchengitter vollständig auskühlen lassen. Vor dem Servieren mit Puderzucker bestäuben.

BEACH VON MONTECITO

ORGANIC Produce

SANTA BARBARA

Flamingo Cheesecake Bars

VEGAN

Für 8 Stück
(Standzeit über Nacht)

Teig
80 g vegane und
glutenfreie Kekse
1 EL Kokosöl

Belag
1 unbehandelte Grapefruit
250 g Cashewkerne
120 g flüssiges Kokosöl
½ TL Vanilleextrakt
75 ml Ahornsirup
1 Prise Salz
1–2 EL tiefgefrorenes
Pitahayapüree

Eine quadratische Backform (24 cm) mit Backpapier auslegen.

Mithilfe einer Küchenmaschine oder eines Mixers die Kekse zu einem feinen Pulver zerkleinern. Das Kokosöl schmelzen und in einer Schüssel mit dem Kekspulver vermischen. Die Teigmischung in die Form geben, gleichmäßig verteilen und etwas andrücken.

Für den Belag die Grapefruit heiß abwaschen und trocken reiben. Mit einem Zestenreißer etwa 1 TL Zesten abziehen. Die Frucht auspressen und 50 ml Saft abmessen.

In einem Hochleistungsmixer alle Belagzutaten außer den Zesten so lange mixen, bis eine geschmeidige und seidige Mischung entstanden ist. Den Mixer einige Zeit auf höchster Stufe laufen lassen, damit sich die Mischung leicht erwärmt. Dadurch entsteht eine bessere Bindung.

Die Masse gleichmäßig auf dem Keksboden verteilen und glatt streichen. Die Zesten zum Schluss darüber streuen. Im Kühlschrank über Nacht durchkühlen lassen.

Zum Servieren den Kuchen in Stücke schneiden.

Tipp: Die Bars werden mit zunehmender Temperatur weicher. Einfach selbst bestimmen, wie sie einem am besten schmecken.

ÜBER DEN AUTOR

Christian J. Goldsmith gehört zu der neuen kreativen Generation von Food-Autoren. Sein Motto: "Anything goes" – gesunde Ernährung und absoluter Genuss müssen kein Gegensatz sein, Burger und Smoothie Bowl stehen nicht im Widerspruch.

Der Münchner ist stets neugierig geblieben: Als Food- und Lifestyle-Journalist beim ZDF, Condé Nast-, Burda Verlag und erfolgreicher Lifestyle- und Nutrition-Coach.

An sich selbst arbeitet er am liebsten abseits der medialen Welt: mit Meditation im Zen-Kloster oder zuhause an neuen kulinarischen Kreationen in seiner Küche.

Mehr unter: *www.goldsmith.at*

Rezept Register

Thank you!

Meine Leidenschaft sind Menschen, und seit ich denken kann, reise ich. Nichts verbindet diese beiden Passionen mehr als die Kulinarik. Herzlichen Dank an alle Beteiligten an diesem Buch für das Teilen meiner Vision und die wunderbare Umsetzung. Und ein großes Dankeschön an Mathias Melsheimer und Walter Drechsel.

Christian J. Goldsmith

〰〰〰〰〰〰〰〰〰〰〰〰〰〰〰〰〰〰

Der Tre Torri Verlag bedankt sich bei der Firma LUBA GmbH für die Bereitstellung des Blendtec Designer 725.

California Kitchen – Peace, Love & Food

IMPRESSUM

Herausgeber
Ralf Frenzel

1. Auflage 2017
© 2017 Tre Torri Verlag GmbH, Wiesbaden
www.tretorri.de

Idee und Konzept: Christian J. Goldsmith
Konzeption und Umsetzung: Tre Torri Verlag GmbH

Gestaltung: Kathrin Brandt, München
Foodfotografie: Ingolf Hatz & Julia Hildebrand, München
People- und Moodfotografie: Johannes Grau, Hamburg
Fotos: U1 © Paul, Seite 117 u. © gpointstudio
Reproduktion: Lorenz & Zeller, Inning a. A.

ISBN 978-3-96033-007-3

Printed in Germany

Haftungsausschluss

Die Inhalte dieses Buchs werden von Herausgeber und Verlag sorgfältig erwogen und geprüft. Dennoch kann eine Garantie nicht übernommen werden. Die Haftung des Herausgebers bzw. Verlags für Personen-, Sach- und Vermögensschäden ist ausgeschlossen.

Für Überarbeitungen und Ergänzungen der vorliegenden Auflage besuchen Sie uns unter: www.tretorri.de

〰〰〰〰〰〰〰〰〰〰〰〰〰〰〰〰〰〰